フィンランド公共図書館

躍進の秘密

吉田右子・小泉公乃・
坂田ヘントネン亜希

上：文学賞受賞者と市民の対話（オーディ図書館）
下：自然素材がふんだんに使われている館内
（ムンキニエミ図書館）

新評論

上：子どもたちの居場所として重要な役割を果たす公共図書館（エントレッセ図書館）
右：保育園からやってきた子どもたち（写真提供：エントレッセ図書館）
下：3D プリンタを使う子どもたち（エントレッセ図書館）

上：海が見えるスペースで仕事や勉強に打ち込む人びと（オーディ図書館）
下：市民のリビングルームとなったオーディ図書館

上：開館を祝うために集まった人びと（オーディ図書館）

上：ベビーカーパーキングにずらりと並ぶベビーカー（オーディ図書館）
左：人気児童文学作家サンナ・ペリチオーニが内側を描いた読書小屋（カッリオ図書館）

はじめに

二〇〇八年の初秋、私はロシア国境に近いカルヤラ地方（Karjala）にある小さな村、フィンランドのリペリ（Liperi）に向かう電車に乗っていた。この村を訪ねようと思ったのは、日本で見たある一つの記事がきっかけだった。この村には、図書館と書店が一つ屋根の下にあるという。今でこそ、図書館に併設された書店は珍しいものではない。でも、その当時はこうした例がそれほど多くなかったし、何よりも鉄道も通っていない小さな村でのこと、というのが興味を引きつけた。

ヘルシンキから電車に乗って五時間、もう一生、白樺と湖は見なくても大丈夫、と自信をもって言えるほどの時間が経ったころ、目的地近くの町ヨーエンスー（Joensuu）に着いた。リペリは、ヨーエンスーからさらにバスで一時間ほど行ったところにある。白樺が重なる森に囲まれたリペリに到着後、半日ほどその小さな村の図書館に留まって、利用する人たちを眺めていた。

館内は、フィンランドの室内のあしらいによく見られる温かい雰囲気に満ちていた。健康コーナーには体重計や血圧計があり、糖尿病や高血圧といった生活習慣病の予防のためのパンフレットがたくさん置いてあった。住民が次々とやって来ては、思い思いに図書館を利用して帰っていく。まるで、村の文化センター兼生活センターのような感じだった。

これが、フィンランドの図書館との最初の出合いである。もちろん、滞在の拠点としていたヘルシンキ市内の図書館もいくつか見て回っている。そのときは、「フィンランドの人たちはずいぶん勢いよく図書館を使うな」と感じた。当時の気持ちをうまく言葉にすることができないのだが、とにかくそんなふうに思った。

二〇〇〇年代に入ったころ、日本でフィンランドがものすごく注目されるようになった。OECDの学習到達度調査PISAの「読解力スキル」で世界一になったことをきっかけに「フィンランドブーム」が起きて、一躍注目の的となったのだ。このニュースが流れたあと、多くの人がフィンランドに出掛けている。日本の教育界を覆う閉塞感を打ち破る鍵がフィンランドの教育システムに隠されているに違いない、と考えた研究者などがたくさんいたのだろう。その成果として、フィンランドに関係する出版物が続々と刊行された。

それから二〇年の歳月が流れている。いまだに注目されているフィンランドだが、かつてのような「熱狂的なブーム」は去り、元の「落ち着き」が戻ってきたような感じがする。といっても、フィンランドのほうは何も変わっていないわけだから、日本におけるフィンランド熱が平熱に戻ったというべきだろう。

そこで私は思いたった。一〇年ぶりにフィンランドを再訪し、落ち着いて公共図書館を見てこようと。

この一〇年間を振り返ると、公共図書館を取り巻く状況が世界的に悪化していることが分かる。新自由主義の影響は国を問わず深刻なものとなり、公共サービスに関しても市場価値が最優先され、弱体化の一途を辿っている。公共サービスを必要とする人の数がかつてないほど多くなっているのにもかかわらず、だ。そんな状況のなか、公共サービスにおける「最後の砦」のように公共図書館が変わることなく元気な国がある。それがフィンランドである。

手元に、フィンランド外務省（Ulkoministeriö）が作成したパンフレットがある。そこには、フィンランドの教育が成果を上げている理由として、質の高い基礎教育がすべての生徒に行きわたるようになっていること、教師は高度な教育を受けており高度なスキルをもっていること、そして、居住地に基づく近隣学校への通学原則などに加えて「機能的で質の高い図書館システム」が挙げられている。(1)

そう、フィンランドは教育制度のなかに公共図書館が組み込まれており、その成果を発揮して

(1)「フィンランドの男女平等――選択の自由による生活の質向上」フィンランド外務省、二〇一八年、二六ページ。

いる国なのだ。つまり、公共図書館の存在意義が社会的にしっかりと認められており、人びとからも厚い信頼を得ている。

今でも忘れられない言葉がある。広告業界から図書館業界に転職した司書と話をしていたときのことだ。会話の途中で彼女は、「公共図書館はフィンランドの誇りですから」とごく自然に言った。おそらく、彼女だけではなく、図書館の関係者みんながこのように思っているだろうし、一般市民にとっても、図書館はとても馴染みのある場所である。つまり、フィンランドにおいては公共図書館が文化的な象徴になっているということである。本書では、そんなフィンランド公共図書館の魅力を余すところなくお伝えしていきたい。

目的に応じてフレキシブルに図書館を使う人びと（エントレッセ図書館）

もくじ

第2章 市民とともに起こす公共図書館革命
——市民の夢のオーディ図書館

第5章 出会いのエントレッセ図書館 149

図　本書に登場するヘルシンキ都市圏の図書館

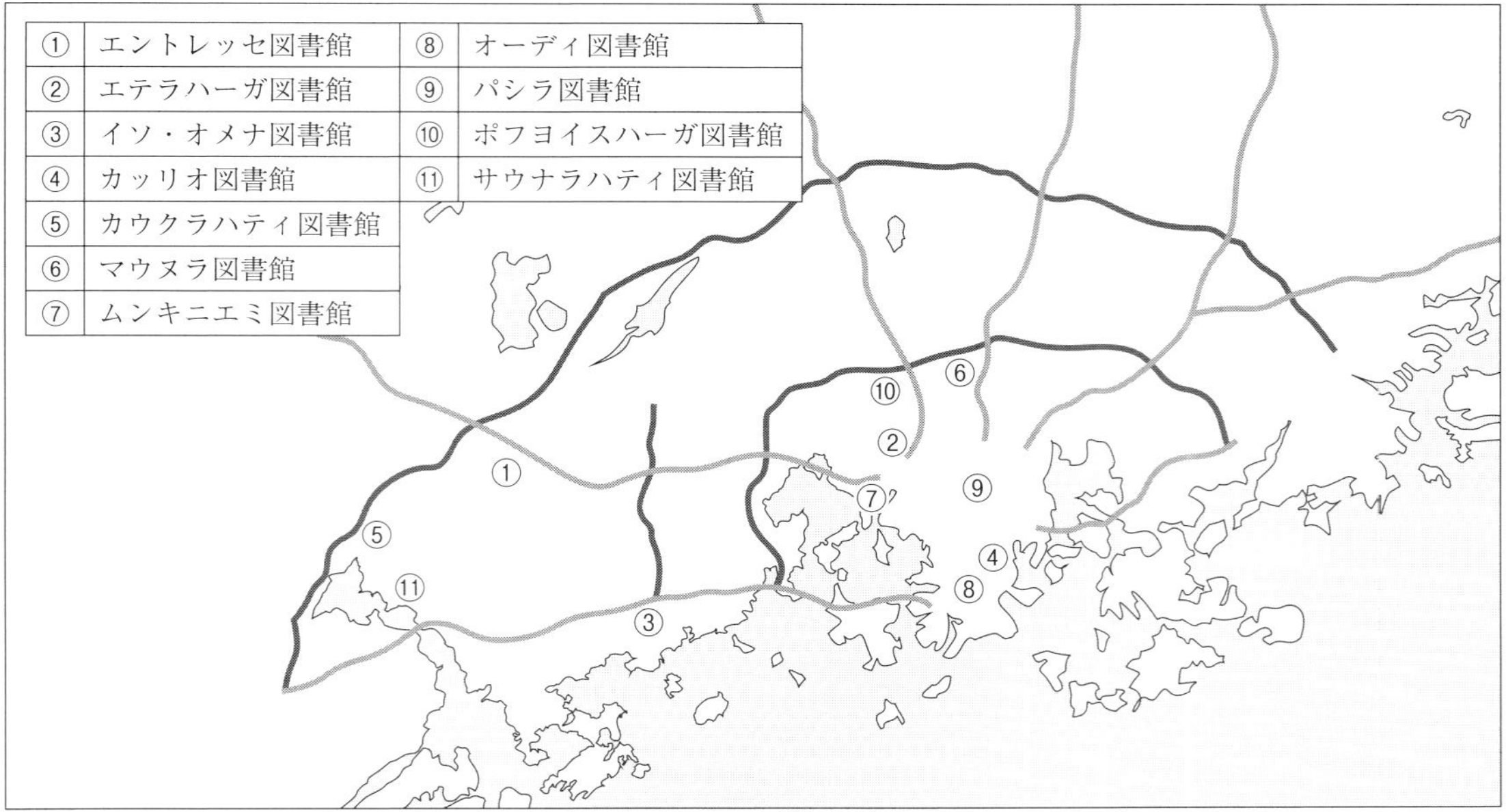

（出典：https://www.helmet.fi/en-US/Info/What_is_Helmet）

図　本書に登場する主要な地名

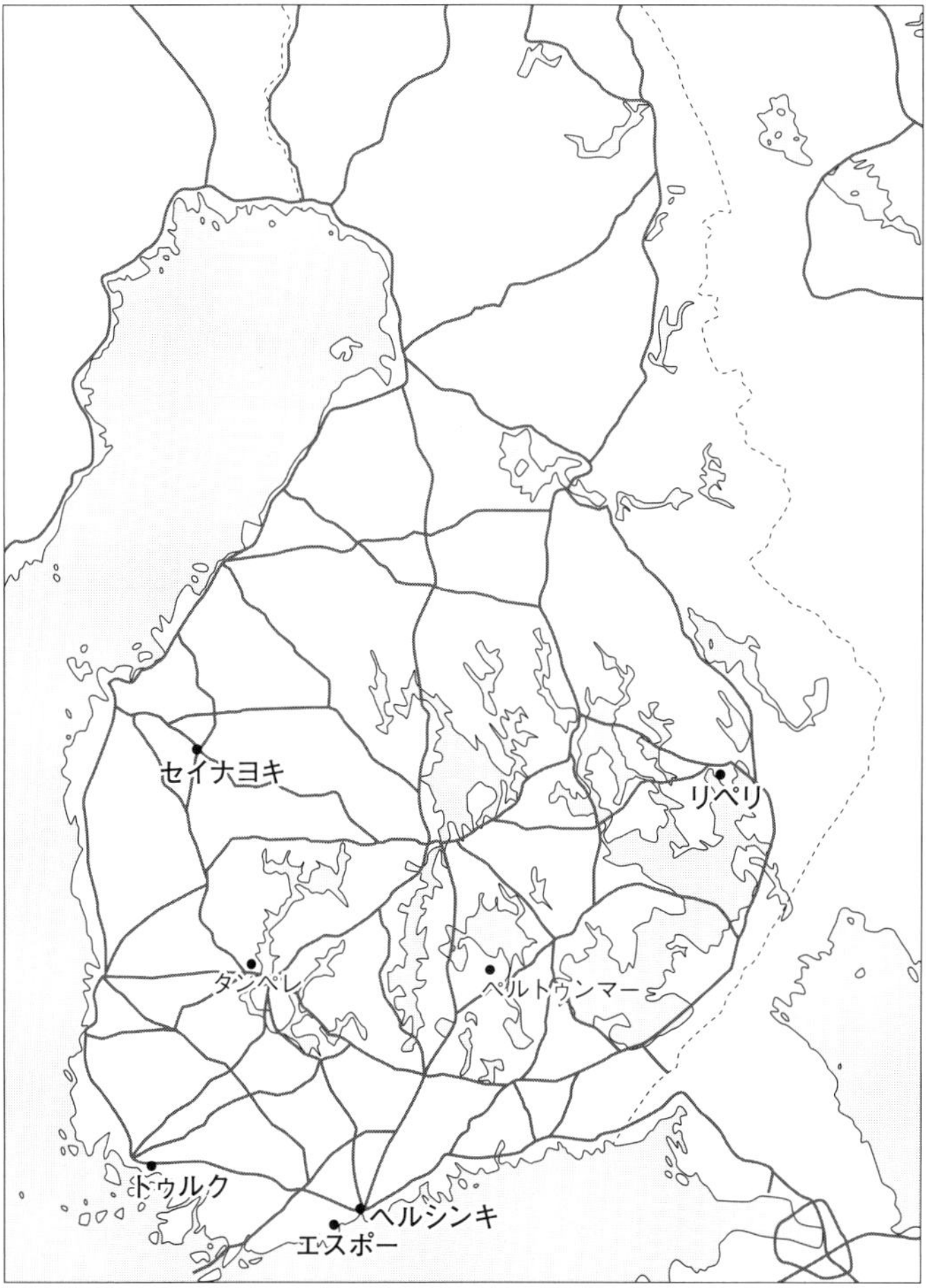

開放的なデザインが魅力のマウヌラ図書館

フィンランド公共図書館——躍進の秘密

第1章

フィンランドの社会と公共図書館

白樺の森が至る所にある

1 森と湖の国に暮らす慎み深い人びと

フィンランドの地図を初めて見た人は、誰しも国土を覆う湖の多さに驚いてしまう。この国には湖が大小合わせて一八万八〇〇〇個以上あり、それらの湖をつなぐように白樺の森が連なっている。そのため、人びとの生活と自然はとても近いものとなっている。フィンランドの豊かな自然を示すようなエピソードが『日本経済新聞』に紹介されていた。

ヘルシンキのレストラン「グローン（Grön）」では、シェフ自らが森に入って、食材を集めてくるという。サステナビリティ（sustainability）を強く意識した店内では、辛子《からし》の瓶をグラスにしたり、リサイクルショップで調達した家具が使われている(1)。フィンランドだけでなく北欧諸国では、誰でも森に入って、ベリーやキノコを採取することのできる「自然享受権(2)」が認められているのだ。

キャンドルホルダーにも自然素材が使われている

森で鈴なりのブルーベリーのほとんどは摘まれず土に還る

column

ケサモッキとサウナ

フィンランド人は、４週間の夏休みのために１年間働いているといっても過言ではない。遠くへ旅に出る人も増えてきたが、自宅から２～３時間の距離にある「ケサモッキ（Kesämokki）」と呼ばれる別荘に籠もるというのが一般的な休暇の過ごし方となっている。別荘とはいっても、水道や電気が通っていないというのが普通で、森の中の湖畔にあるものが特に人気が高い。

ケサモッキが建つ湖

そして、ケサモッキで欠かせないのがフィンランドに推定230万個あるといわれるサウナだ。サウナで身体を十分に温めてから湖に飛び込んでクールダウンをする。これを繰り返すのだが、夏とはいっても水温は20度を超えておらず、冷たい水に飛び込むにはそれなりの勇気がいる。

湖畔のサウナ

ケサモッキを直訳すると「夏小屋」となるが、秋はキノコ狩り、冬はアイスフィッシングや寒中水泳、そしてスキーと、周辺の自然をフィンランド人たちは楽しんでいる。また、春には小屋を修理するための日曜大工がはじまるなど、一年中、ケサモッキに通う人も少なくない。

また、自然にあふれた国に住むフィンランドの人びとは、日本人と気質がよく似ていると言われている。フィンランド人の特徴を、当事者の立場からとても上手に描いた本がある。『マッティは今日も憂鬱(3)――フィンランド人の不思議』というタイトルの本だが、この本を読むと、シャイで、慎ましやかで、生真面目なのだが、ふとした拍子で羽目をはずしてしまったときの「落差」が日本人にすごく似ていることが分かる。

2 教育の原則は「平等」であること

図書館の話に入る前に、まずはその土台となっている教育制度の説明からはじめることにしよう。フィンランドの教育においてもっとも重要視されているのは「平等性」を守ることである。教育の「格差」をなくすこと、と言い換えてもよいかもしれない。たとえば、平等性を実現する方策の一つが近隣学校への通学という原則である。この原則は、どの地域でも同じレベルの教育が安定して受けられるということが前提となって生まれている。それを実現しているのが、国家・自治体の予算において占める一一から一二パーセントという高い教育費である。

もちろん、「質の高い教員」も格差是正の重要な要素となる。フィンランドでは小学校から高等学校までの教員すべてが教育学の修士号保持者であり、保育所と就学前教育の教員も学士号保持者となっている。教育文化省（opetus- ja kulttuuriministeriö）の教育庁がナショナルカリキュラムに沿って教育目標と教科の時間配分を定め、これに基づいて各自治体がカリキュラムと指導計画を立案している。ただ、授業方法、教科書や教材については各教員の裁量に任されている。

フィンランドには学校図書館がない？

フィンランドでは、子どもたちの学力向上のためには読書が重要であると認められてきたにもかかわらず、図書館政策においては学校図書館が重視されてきたとは言いがたい。その理由は、公共図書館が学校図書館の代替施設として見なされてきたからである。(4) 高い学力をもつことで世

（1）「森との対話が生む美食：フィンランドの恵み『ワイルドフード』」日本経済新聞、二〇一八年九月一六日付夕刊。

（2）もちろん、やってはいけないこともある。これから生長する樹木を伐採することは禁じられているし、コケ類の採取には許可が必要である。また、一部の地域では、特定の魚が制限されていることもある。これらすべては、自然環境を守るために設けられた決まりである。

（3）カロリーナ・コルホネン／柳澤はるか訳　方丈社、二〇一七年。

（4）Ilkka Mäkinen "History of Finnish Public Libraries in a Nutshell" Martin Dyrbye, Ilkka Mäkinen, Tiiu Reimo, Magnus Torstensson, *Library spirit in the Nordic and Baltic Countries: Historical Perspective*, Hibolire, 2009, p. 127

界を驚かせてきたフィンランドには、学校図書館をもたない学校も多い。その代わり、公共図書館が子どもたちを対象とした図書館サービスに徹底的に取り組み、学校と連携することで学力向上につなげている。このような状況が強く影響しているため、フィンランド公共図書館は世界に抜きん出たサービスを活発に行っているとよく言われている。

保育園や小中学校では、クラス単位で図書館を頻繁に訪問している。年間通じて実施される図書館ツアーでは、魔法使いの格好に扮した職員の自動返却機や貸出機の説明に子どもたちは大喜びだ。図書館職員によるブックトークやメーカースペースでのワークショップも毎週のように実施されているし、保育園の子どもたちは「お話し会」を聞きに来たり、本を借りるためにクラス総出でやって来る。時には、３Ｄプリンターでおもちゃをつくって帰ったりもする（一六〇ページ写真）。

小学校一年生向けとして「入学お祝いイベント」が毎年九月に開かれ、図書館カードを持っていない子どもは必ずこのタイミングでカードをつくっている。子ども用の図書館カードを発行する際、通常は保護者の身分証明書を確認することになっているが、教師の引率のもと来館した子どもたちには、自宅で記入してきた申込書であっても教師が確認したものとして図書館カードを発行することになっている。

コアカリキュラムと公共図書館

公共図書館の利用が授業時間に組み込まれていることも、子どもたちが頻繁に公共図書館に来館するきっかけとなっている[5]。学齢期を通じて「馴染み」となった近所の図書館は放課後の遊び場になり、大人になってからも、機会あるごとに足を運び続ける場所となる。そして、図書館が人びとの日常生活に織り込まれていく。

公共図書館は、学習空間の一つとしてコアカリキュラムのなかに位置づけられているだけではない。本を読むことを中心とする「伝統的なリテラシー」から、言語、視覚、聴覚、運動感覚などすべてを使って情報を取り入れたうえで解釈し発信する「マルチリテラシー」への転換が、公共図書館の重要性をさらに高めている[6]。マルチリテラシーは、「情報を批判的に解釈できる思考法」と「情報を取り扱うためのICTスキル」から構成されている。こうした力を養うためには、公共図書館でさまざまなメディアに触れることが重要となる。

---

(5)　日本の学習指導要領に当たるフィンランドの「コアカリキュラム」には、教室に加え自然の中での学習、博物館・美術館・企業の訪問などが子どもたちにとって重要であると書かれている。エスポー市の教育プランには、学校以外の学習環境として保育園、企業、高齢者施設、各種文化施設、そして図書館が挙げられている。

(6)　サッラ・コルペラ『フィンランドの教育――成功への道』フィンランド外務省、駐日フィンランド大使館広報部、ホンヤク社訳、二〇一七年、二〇ページ。

成人教育の拠点としての公共図書館

公共図書館は、成人にとっても貴重な学びの場となっている。フィンランド語で生涯教育は「自由成人教育（vapaa sivistystyö）」と呼ばれており、公共図書館以外にも「労働者教育センター（työväenopisto）」や「国民教育センター（kansalaisopisto）」、そして「成人教育センター（aikuisopisto）」と呼ばれる教育センターなどが地域で学習講座を開催している。日本で言えば、地域に図書館と公民館があって、その両方で生涯学習プログラムが提供されている状況と似ているかもしれない(7)。

とはいえ、生涯学習施設として公共図書館の存在感は圧倒的である。たとえば、ヘルシンキ市の場合、「カルチャーハウス」と呼ばれる文化施設が一〇館、そして博物館・美術館が六館あるが、公共図書館の総数はというと三七館となっており、群を抜いている。

ティーンエイジャーが自由に使えるスペースをもつ図書館も多い（エントレッセ図書館）

3 フィンランド公共図書館——歴史と制度

本書を読みつつ、フィンランド公共図書館めぐりをより楽しんでいただくために、ここからはこの国の公共図書館の歴史と現状を簡単に見ておくことにする。

公共図書館の概況

二〇一八年時点、フィンランド公共図書館の概況は以下のようになっている。(8) 図書館数は、中央館が二八二館、分館が四三八館、そして移動図書館（ブックモービル）が一三五台ある。これ以外に、何らかの方法で図書館の資料を入手できる「サービスポイント」が四一三か所ある。さらに、通常の活字資料にアクセスすることが困難な人びと（print《プリント》 disability《ディスアビリティ》）へ資料を提供する

（7）ヨーナス・キリシ「フィンランドの生涯教育」ヘルシンキ大学世界文化学科編、植村友香子、オウティ・スメードルンド監訳『北緯60度の「日本語人」たち——フィンランド人が日本語の謎を解く』新評論、二〇一二年、xii～xiiiページ参照。

（8）データは、フィンランド公共図書館統計（Suomen yleisten kirjastojen tilastot）のサイトを参照した。https://tilastot.kirjastot.fi/?lang=en

column

プリントディスアビリティ

図書館界では、通常の文字情報へのアクセスが困難な状態を「print《プリント》 disability《ディスアビリティ》」と呼び、どこの公共図書館でも重点的にサービスを提供している。プリントディスアビリティには、視覚障がい者だけでなく、肢体不自由者、知的障がい者、ディスレクシア（読み書き困難者）、聴覚障がい者、一時的読字障がい者、認知機能障がい者なども含まれる。

フィンランドにおいて、プリントディスアビリティにかかわる図書館サービスで中心的な役割を果たしているのが国立図書館「セリア」である。「セリア」は、情報へのアクセスの平等を理念に掲げ、オーディオブックや点字図書などのアクセシブル・メディアを物理的なメディアとオンラインメディアの両方で作成・提供している。セリアの活動は出版社・図書館の協力によるものであり、現在約３万人が利用している。初等、中等、高等教育の教科書をアクセシブルなフォーマットで作成することも、セリアの重要な役割となっている。

国立図書館「Celia《セリア》」がある。

全職員数は三九七三人、コレクション総数は約三四〇〇万点で、紙の図書は約二九〇〇万点、それ以外は視聴覚資料などとなっている。これらの資料に加えて、電子書籍が約八六九万点ある（二〇一八年現在）。

図書館への訪問者数はのべ五〇〇〇万人近くとなっており（フィンランドの人口は約五四〇万人）、貸出数は約八五〇〇万点で国民一人当たり一五冊を超えている。また、国民一人当たりの図書館予算は約五八ユーロ（約七三〇〇円）、資料費は七ユーロ（約八九〇円）となっている。予算、訪問人数、貸出数ともに諸外国と比べてずば抜けて高い数値となっているが、これは、潤沢な予算に裏付けられた充実したサービスと、国民の旺盛な図書館利用を裏付けるものである。活発に利用される図書館は「住民の居間」とも呼ばれているのだが、思わず納得してしまうネーミングである。

フィンランド全土に図書館サービスを届ける移動図書館

　フィンランドの場合、全自治体に図書館が設置されているが、自宅から遠いところに図書館が設置されていたり、何らかの理由で図書館に行けない人にとっては「移動図書館」が図書館への重要なアクセスポイントとなる。移動図書館では、資料を貸し出すだけでなく、車内でイベントを行うこともよくある。

　とりわけ人口密度が少ない非都市地域では、移動図書館が文化に接するための拠り所となっている。北極圏には、先住民族サーミ[9]が暮らしている地域がある。この民族の言語であるサーミ語資料を届けるために、[10]移動図書館を使って国家横断的なサービスも行われている。

住民は日常的に図書館に立ち寄っている（ミュールマキ図書館）

公共図書館の歩んだ道のり

今でこそ図書館界で国際的に注目を集めているフィンランド公共図書館だが、その躍進がはじまったのは意外にもつい最近のことである（**表1－1**参照）。

一九六一年の「図書館法（kirjastolaki）」が国家による公共図書館への手厚い助成を定め、初等学校と同レベルまで助成金が増加することで、一九六〇年代以降の公共図書館は大幅な成長を遂げた。同法は、基礎自治体の図書館を支援する地域中央図書館制度を導入し、地方と都市部における図書館サービスの格差が解消されることになった(11)。

その後、公共図書館は順調に成長していったが、一九九一年の不況によってすべての公共分野の予算がカットされ、図書館界でも分館の閉鎖が相次いだ。また、翌年には国の助成制度の変更によって、図書館は公教育部門からインフォーマル教育部門へと編成替えが行われ、行政における位置づけが相対的に低下した。

この措置に対して市民による反対運動が起こり、三〇万人もの署名が集まっている。そして、一九九四年にはこの署名数が五七万人に膨れ上がったのだが、この数字は総人口の一割にも達するものであった(12)。

さらに、一九九八年の「図書館法（kirjastolaki）」では、図書館館長の資格として新たに学士号が必須となった。また、法律に図書館の利用について無料制が明記されたことによって、それ

表1－1　フィンランド公共図書館の発展

年	公共図書館の歴史
1802	最初の一般大衆向け公共図書館の設立
1808	スウェーデンからロシアの統治下へ
1882	ヘルシンキ市図書館設立
1917	フィンランド独立
1928	最初の図書館法制定
1960	公共図書館数4,000館を超える
1961	図書館法の改正
1963	図書館助成金制度（作家への助成金制度）の導入
1970年代終わり	サービスポイント20,000箇所を超えピークを迎える
1986	図書館法改正
1990年代初期	移動図書館が国内で235台になり、ピークを迎える
1992	政府助成金制度廃止
1995	住民一人当たりの貸出数が20冊を超える
1998	図書館法改正

出典：Ilkka Mäkinen "History of Finnish Public Libraries in a Nutshell" Martin Dyrbye, Ilkka Mäkinen, Tiiu Reimo, Magnus Torstensson, *Library Spirit in the Nordic and Baltic Countries: Historical Perspective,* Hibolire, 2009, p. 125, 127, 巻末年表により作成。

エスポー市を隈なく走り回る移動図書館（写真提供：エスポー市図書館）

移動図書館の車内で読み聞かせをしながらヨガを楽しむイベント（写真提供：エスポー市図書館）

までにもち上がっていた図書館サービス有料化についての議論が収束し、図書館が情報への平等なアクセスを保障する機関であることが確認されている。この法律をきっかけとして、教育文化省は次々に図書館政策を打ち出すことになった[13]。

公共図書館法

二〇一六年、「図書館法（kirjastolaki）」（一九九八年）が改正され、「公共図書館法（Laki yleisistä kirjastoista）」が公布された。公共図書館の制度とサービスを理解するために最良の方法となるのが法制度の確認である。ここで、少し長くなるが、現行の公共図書館法の全文を挙げておくことにする。

公共図書館法（Laki yleisistä kirjastoista）

第1条　法律の適用範囲

本法では、公共図書館およびその活動ならびに基礎自治体、地方、国レベルでの推進、図書館間協力、国家予算に関して定める。

第2条　法律の目的

本法の目的は、以下を推進することである。

①教養と文化への平等な機会
②情報へのアクセスとその利用
③読書文化および多様なリテラシー
④生涯学習および能力開発の機会
⑤アクティブ・シティズンシップ、民主主義、言論の自由

これらの目標実現のための基点は、公共性、多元性、文化的多様性である。

(9) サーミとは、ノルウェー、フィンランド、スウェーデン、ロシアに居住する先住民族である。
(10) サーミ地域の住民への図書館サービスについては以下の文献を参照。小林ソーデルマン淳子・和気尚美・吉田右子『読書を支えるスウェーデンの公共図書館――文化・情報へのアクセスを保障する空間』（新評論、二〇一二年、一八八～一九二ページ）、マグヌスセン矢部直美・吉田右子・和気尚美『文化を育むノルウェーの図書館――物語・ことば・知識が踊る空間』（新評論、二〇一三年、二二九～二三七ページ）。
(11) Ilkka Mäkinen 前掲書、二二三～二二四ページ。
(12) Ilkka Mäkinen 前掲書、二三〇～二三二ページ。
(13) この時期に教育文化省から出された政策文書については、以下の文献を参照。原田安啓「フィンランドの公共図書館――ＰＩＳＡ学力調査世界一を支える図書館と教育制度」『奈良大学紀要』37、二〇〇九年、二七～二八ページ。

第３条：定義

本法では以下を意味する。

①公共図書館とは、自治体のすべての住民を対象とする自治体の図書館施設をいう。
②全国的開発業務とは、公共図書館の公正な活動を支援する業務をいう。
③地域的開発業務とは、管轄区域の公共図書館活動の発展を支援する業務をいう。

第４条：国の役割

教育文化省は、公共図書館に関する全国的な図書館政策およびその発展に責任を負う。地域行政機関の役割は以下のとおりである。

①管轄区域の公共図書館に関する全国的な図書館政策の目標達成の促進
②管轄区域の公共図書館活動の監督および評価
③公共図書館の地域・地方・全国・国際プロジェクトの促進
④教育文化省が定めた他の業務の遂行

第５条：自治体の役割

自治体は公共図書館活動に責任をもつ。自治体は独自にまたは他の自治体との共同もしくは他の方法で、公共図書館活動を実施することができる。

自治体は、「自治体法（Kuntalaki）（365/1995）」第27条が定める一般自治体に関する主要な意思決定における住民の参加および影響力行使に関する義務の一環として、住民の意見を聴取しなければならない。自治体は必要に応じて、他の行政組織、図書館界の関係者、および他の機関と協力しなければならない。

第6条：公共図書館の役割

公共図書館の役割は以下のとおりである。

①資料、情報、文化コンテンツへのアクセスの提供
②多面的で継続的なコレクションの維持
③読書および文学の促進
④情報収集および利用、並びに多様なリテラシーに対する情報サービス、指導、支援の提供
⑤学習、趣味、仕事、市民活動のための空間の提供
⑥社会的・文化的対話の醸成

公共図書館は、第1項に記載された役割のほかにも、全国的開発業務、地域的開発業務、特別業務を行う場合がある。

前記第1項でいう役割の遂行のため、公共図書館は適切な施設、最新の状態の設備、十分かつ高い能

力を備えた職員を有していなければならない。

第7条：全国的開発業務

全国的開発業務は、公正な公共図書館活動を支援するため、公共図書館間で共通のサービスを実施し、公共図書館の間の共同活動を促進する。共通サービスの実施にあたっては、公共図書館および他の図書館と共同で開発業務を遂行しなければならない。

自治体の同意を得て、多様な国内外の専門知識と課題のための十分な資源を有する公共図書館に開発業務を付託することができる。

公共図書館が業務の遂行を完全に怠り、注意喚起にもかかわらず怠慢を是正しない場合、開発業務を解消することができる。

全国的開発業務[14]を遂行する公共図書館およびその業務分野については、「教育文化省令」によって定める。

第7条は二〇一八年一月一日に発効する。

二〇一八年一月一日に発効する「公共図書館に関する教育文化省令（OKMa yleisistä kirjastoista）

(660/2017)」を参照のこと。[15]

第8条：地域的開発業務

地域的開発業務によって、管轄区域内の公共図書館業務の発展のための環境を構築する。開発業務によって、管轄区域内の公共図書館の発展と職員の技能の向上を支援し、公共図書館間の主要な連携活動を促進する。

開発業務を遂行する図書館は、業務を遂行する他の公共図書館、全国的開発業務を遂行する公共図書館、その他の図書館と協力する。

自治体の同意を得て、多様な国内外の専門知識と開発課題の開発のための十分な資源を有する公共図書館に開発業務を付託することができる。開発業務の付託にあたっては、地域の構造的かつ言語的要因も考慮すること。

公共図書館が開発業務の遂行を完全に怠り、注意喚起にもかかわらず怠慢を是正しない場合、開発業

(14)　全国開発業務を担当する図書館はヘルシンキ市図書館である。

(15)　OKMa yleisistä kirjastoista は法律名の略称。正式名称は Opetus- ja kulttuuriministeriön asetus yleisistä kirjastoista である。

務の付託を解消することができる。

地域的開発業務[16]を遂行する公共図書館およびそれらの業務分野については、「教育文化省令」によって定める。

第8条は二〇一八年一月一日に発効する。

二〇一八年一月一日に発効する「公共図書館に関する教育文化省令（660/2017）」を参照のこと。

第9条：特別業務

教育文化省は、自治体の同意により、第6条第1項で定める役割の補完のため、業務の遂行に十分な前提条件を有する公共図書館に、特別業務を付託することができる。

公共図書館が当該業務の遂行を完全に怠り、教育文化省が設けた妥当な期限までに怠慢を是正しない場合、教育文化省は公共図書館に与えた特別業務の付託を解消することができる。

第10条：公共図書館業務の実施

公共図書館は、誰もが利用およびアクセス可能でなければならない。

公共図書館業務の実施にあたり、二言語併用自治体では、両言語ニーズを同原則に基づき考慮するよう留意しなければならない。サーミ地域に該当する自治体では、サーミ語およびフィンランド語の住民グループのニーズを、同原則に基づき考慮するよう留意しなければならない。

業務の実施にあたっては、前記第1項および第2項で定める事項のほかにも、地域の言語集団のニーズを考慮しなければならない。

第11条：連携協力

公共図書館は、他の公共図書館、国立図書館、国立保存図書館、視覚障がい者図書館、大学図書館、教育機関図書館、専門図書館との協力により業務に従事し、これを改善する。

公共図書館は、行政機関、図書館分野の関係者、保育園、学校、教育機関、他の機関との協力によって、本法で言う役割の遂行にあたる。

---

(16)　地域的開発業務を担当する図書館は以下の通り。(1) ヨーエンスー市図書館（北カルヤラ県）(2) クオピオ市図書館（南サヴォ県、北サヴォ県）(3) ラハティ市図書館（カンタ・ハメ県、パイヤト・ハメ県、南カルヤラ県）(4) オウル市図書館（北ポフヤンマー県及びカイヌー県）(5) ポルヴォー市図書館（ウーデンマーン県）(6) ロバニエミ市図書館（ラッピ県）(7) タンペレ市図書館（ピルカンマー県及び中央スオミ県）(8) トゥルク市図書館（南西スオミ県およびサタクンタ県）(9) ヴァーサ市図書館（南ポフヤンマー県、ポフヤンマー県および中部ポフヤンマー県）

第12条：図書館サービスの無料原則と料金

公共図書館が所蔵する資料の利用、貸出、予約、指導、相談業務は無償である。また、全国的および地域的開発業務を遂行する公共図書館が他の図書館に行う遠隔貸出も無償である。

自治体は、資料の返却遅延、予約した資料の未引取、第1項でいう公共図書館サービス以外について、自治体に発生する費用総額に相当する料金を徴収できる。

強制執行理由を伴わない料金の直接強制執行については、「料金支払い執行に関する法律（Laki verojen ja maksujen täytäntöönpanosta）（706/2007）」で定める。

第13条：図書館利用者の義務

公共図書館の利用者は、図書館で適切に行動しなければならない。図書館業務の妨害や安全を脅かす行為については、「治安法（Järjestyslaki）（612/2003）」が適用される。

図書館利用者は、公共図書館の資料および他の財物を丁寧に扱わなければならない。

第14条：利用規程

自治体は、図書館内の秩序、安全、快適さを促進する公共図書館の利用規程を承認することができる。

利用規程では、図書館施設および財物の使用のほか、図書館資料の貸出、予約、返却、返却期限、貸出禁止、図書館利用禁止、諸料金に関する規定を定めることができる。

第15条：貸出禁止および図書館の利用禁止

図書館利用者が、第14条でいう利用規定で定める期限までに、貸出された資料を返却していないか、第12条第2項でいう料金未払いの場合、該当者は図書館の資料を借りることはできない（貸出禁止）。貸出禁止措置は、資料返却もしくは料金納付をもって直ちに終了する。

図書館利用者が第13条の規定に反して、繰り返しあるいは全面的に図書館業務に悪影響を及ぼしたり、図書館の安全性を脅かしたり、図書館の財物に損害を与えた場合、自治体は図書館利用者に期間限定で特定の図書館の図書館利用禁止を設定することができる。利用禁止は最大三〇日に及ぶことがありうる。

第16条：評価

自治体は、公共図書館の業務を評価しなければならない。評価の目的は、本法の目的の実行を確保し、公共図書館事業の改善を支援することである。評価により、公共図書館の役割の達成や業務の実施を追跡する。

全国評価および国際評価への全国レベルでの参画については、地域行政機関とともに評価の実施に責任を負う教育文化省が決定する。自治体は、本項でいう評価への参画義務を負う。

評価の主な結果は公表しなければならない。

第17条：専門知識とリーダーシップ

公共図書館は、図書館情報学の教育を受けた十分な数の職員およびその他の職員を有していなければならない。専門的業務に応じて適切な高等教育機関の学位を要する。ただし、職務の性質上、他に規定される場合はそのかぎりではない。

公共図書館の館長には、公務または業務に適合する大学院課程の修了もしくは修士号の保有、運営能力、図書館業務および活動への習熟が要求される。

第18条：財政

公共図書館の運営費に対する国庫の付与については、「地方自治体基本サービスへの政府支援に関する法律（Laki kunnan peruspalvelujen valtionosuudesta）（1704/2009）」で定める。

自治体には、第7条でいう全国レベル開発業務、第8条でいう地域レベルの開発業務、第9条でいう特別業務の遂行、および本法に基づく業務に対しては「教育文化部門財源法（Laki opetus- ja kultuuritoimen rahoituksesta）（1705/2009）」で定めるとおり、また図書館の公共投資プロジェクトおよび施設改善に対しては「政府補助金法（Valtionavustuslaki）（688/2001）」で定めるとおり、国家予算に盛り込まれた交付金の範囲で政府補助金を付与する。公共投資における政府助成担当機関は教育文化省である。

第19条：審査請求

本法でいう図書館の利用禁止に関する決定には、「自治体法（kuntalaki）（410/2015）」で定めるとおり是正を請求することができる。

第20条：発効

本法は二〇一七年一月一日より発効する。ただし、本法第7条および第8条は、二〇一八年一月一日より発効する。

本法により、「図書館法（kirjastolaki）（904/1998）」は廃止する。廃止された法律第4条第2～5項は、二〇一七年末日まで適用される。

本法の発効前に公務に採用された者もしくは雇用契約関係を取り交わした者は、引き続き当該公務または雇用関係に関して適格とする。

図書館法の改正にあわせて「公共図書館に関する教育文化省令（OKMa yleisistä kirjastoista）」も改正され、全国的開発業務および地域的開発業務の担当図書館が決定された。「公共図書館法」のなかでとくに注目すべき点は、第6条に、公共図書館の役割として「社会的・文化的対話の醸成」が掲げられたことであろう。図書館法において図書館が「文化的対話の場」であることを最初に盛り込んだのはノルウェーであったが、オランダとフィンランドがそれに続いたことになる。

4 公共図書館における職員養成

現在、フィンランドにおける図書館分野の教育は大きな変化の時期を迎えているのだが、まずはこれまでの職員養成に関して、おおまかな流れを整理しておきたい。**図1−1**（三〇ページ）のように、フィンランドでは中等教育にあたる職業学校、もしくは高等教育機関となる職業大学校や大学で図書館に関する分野について学ぶことができる。

公共図書館に就職するための道のり

公共図書館の職員になるための一般的なルートは、日本の中学校にあたる総合学校を卒業して職業学校に進学し、現地実習をしながら職業資格を取得するというものである。つまり、中等教育で図書館の職業資格を取得することができるということだ。ただし、現場感覚では、中学校から職業学校を経て図書館にやって来るというケースは稀で、他の職業を経験したり、他分野の学問を修めたりしてから図書館にやって来たという職員が多い。

職業教育では、スキルがとにかく重視されるためかなりの時間が実地研修に費やされることになる。首都圏のケラバ市（Kerava）で図書館職員の養成コースを開講している「ケウダ（Keuda）職業学校」を例に挙げると、基本の履修期間は二年となっている。ただし、全員が同じ時期に入学・卒業するわけではなく、生徒はそれぞれのスピードで学習を進めることになっている。

学校に行くのは一か月に三日、スクーリングの日のみで、それ以外は毎日フルタイムを現場で過ごす。生徒のなかには「オッピソピムス（oppisopimus）」[17]の契約を実習現場と結び、給与を得ながら学習を進めるため、いつから「就職」となるのかその線引きが難しいが、卒業するころには経験も積んでいるので、すぐに経験者として職探しをはじめることができる[18]。

---

(17)　現場で働きながら職業資格を得る一つの契約形態。一五歳以上であることが条件で、一般的には一年から三年で資格の取得が可能となっている。詳しくは、Oppisopimus.fi を参照。

(18)　年に一度、一斉受験する公務員試験のような制度はなく、ポジションが空くたびに募集がかかる。

図１－１　フィンランドにおける図書館職員養成制度

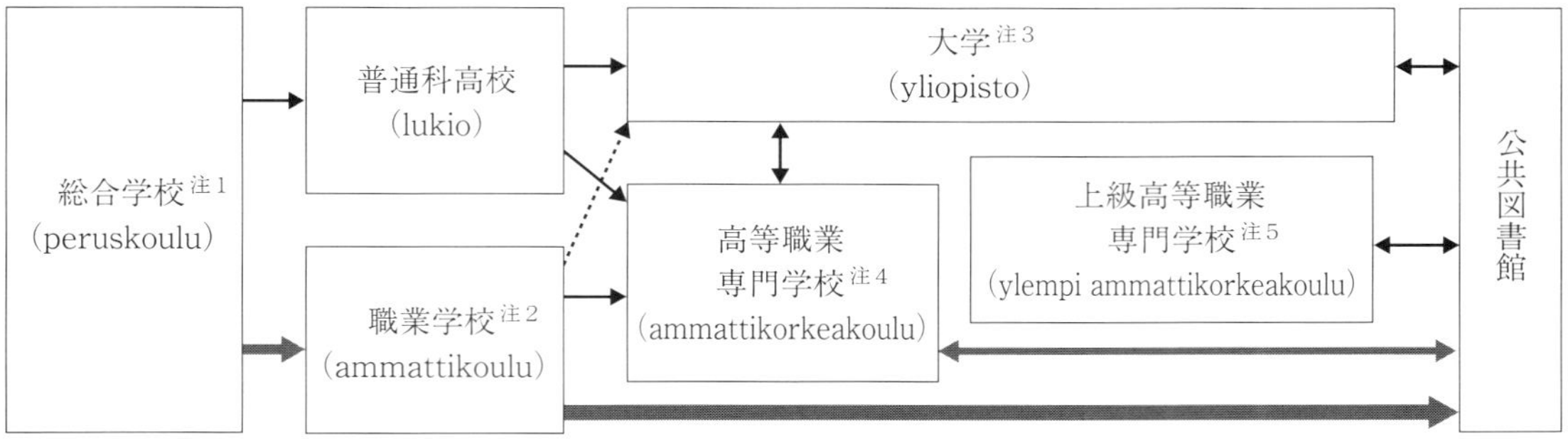

注１）　９年間の義務教育。日本の小中学校にあたる。

注２）　学校によって取得できる資格名が異なる。図書館情報サービス職業資格（Kirjasto- ja tietopalveluiden ammattitutkinto）と経済職業資格（Liiketalouden perustutkinto）が一般的。職業学校は現場と密接につながっていて、学習を進めながら実習生として現場に入り、勤めながらさらに上級資格や学歴を取得していくというケースが多い。

注３）　オウル大学（Oulun yliopisto）、タンペレ大学（Tampereen yliopisto）、オーボ・アカデミー（Åbo Akademi）の３校。学士、修士、博士課程を含む。情報学（Informaatio）などの学位が取得できる。

注４）　英語では「University of Applied Science」となる。セイナヨキ（Seinäjoen ammattikorkeakoulu）とトゥルク（Turun ammattikorkeakoulu）の２校がある。職業学校と同様、長期の実習期間がある。

注補足）　高等職業専門学校や大学に、フルタイムの学生としてではなく科目履修生として学校・大学に登録して単位を取得していく方法もある。

注５）　上級高等職業専門学校への入学には職歴が求められる。

多様な専門職が働く公共図書館

しかし、冒頭で述べたように、フィンランドの図書館分野の教育は変化の時期を迎えている。そこには、「学校ですべてを教えられる時代は終わった」という認識がある。フィンランドには、義務教育である総合学校のほか、職業学校や普通科高校の中等教育機関に加えて生涯教育機関[19]が各地にある。そこでは、ＩＴ、アート、スポーツなどといったさまざまな授業が展開されており、学歴や経験に関係なく誰でも低額で授業を受けることが可能となっている。ここの授業と独学で新しい言語をマスターしてしまう人も少なくない。しかし、授業が計画されて実際に市民が授業を受けられるようになるまでには時間がかかるし、一人ひとりのニーズやレベルも多種多様である。その隙間を埋めているのが公共図書館となる。

マウスの使い方が分からないという人もいれば、買ったばかりのスマートフォンやタブレットの初期設定をしたい、オンラインバンキングの利用法を教えてほしい、３Ｄモデリング[20]に挑戦したいという人まで、図書館に訪れる人びとのニーズは多様なのだ。また、フィンランドでは、オ

---

(19)　労働者教育センター（työväenopisto）、国民教育センター（kansalaisopisto）、成人教育センター（aikuisopisto）などがある。首都圏の主な機関で実施されている授業はここから確認できる。Ilmonet.fi を参照。

(20)　三次元のオブジェクトを作成する技術。パソコン上で作成されたオブジェクトを３Ｄプリンターで実際の物体としてアウトプットできる。

ンライン化していくさまざまなサービスから市民が取り残されるという状況が問題になりつつあり、国レベルで、財務省（Valtiovarainministeriö）主導の「デジタルサポート（digituki）プロジェクト」が立ち上がっている。このプロジェクトの担い手の一つとして、公共図書館も想定されている。

このような状況ゆえに、異なる分野を専門とする職員がいることは図書館にとっては好適となる。だから、フィンランド公共図書館には、ユースカウンセラー、洋裁師、メディアの専門家など、さまざまな分野を学んできた人が勤務しており、必ずしも司書になるための勉強だけをしてきたという職員だけで構成されているわけではない。

さらに職員は、社会の変化にあわせて知識とスキルをアップデートしていく必要があるとされている。一例を挙げると、二〇一七年からエスポー市では3Dスキャナーの導入やAR（拡張現実）技術の提供方法が模索され、サービスとして立ち上がりつつある。こうした新たなテクノロジーは職員にとってもハードルが高く、職員間の意見交換など相当な準備が必要となっている。計画立案やアイデアを出すために、離れ島や森の小屋でブレーンストーミングなどが合宿形式で行われることもある。

図書館職員の給与

気になる図書館職員の給与についてここで触れておこう。フィンランドでは「KVTES（Kunnallinen yleinen virka- ja työehtosopimus）」という全国一律の契約条件に基づいて、約三一万人の基礎自治体公務員が雇用されている。図書館の場合は、管理職二五七二ユーロ（約三三万四〇〇〇円）、専門職（大学院卒）二三六八ユーロ（約三〇万八〇〇〇円）、上級職業資格保有者（大学卒）二一六三ユーロ（約二八万一〇〇〇円）、職業資格保有者（職業学校卒、日本の高等学校卒）二〇六二ユーロ（約二六万八〇〇〇円）、一般職員一七五九ユーロ（約二二万九〇〇〇円）という月給の全国基準がある。自治体によっては上乗せもあるが、正規職員と臨時・有期職員の間で給与の違いはない。

一般的に、公務員の場合ボーナスはなく、民間企業より給与は低いが、有給休暇が多い。ヘルシンキ市やエスポー市の場合、一五年間連続勤務で三八日間の有給休暇が与えられる。消化しない有休休暇は金銭での補償を請求する権利があり、約二か月分弱の給与に相当する。

また「労働時間法（Työaikalaki）」によって、日祝日の勤務は一〇〇パーセントの割り増しが定められている。図書館は開館時間が延長傾向にあるが、曜日にかかわらず一八時以降や土曜も別途割り増しがつくため、多くの人が家でゆっくりしたい夕方や週末の勤務があっても不公平だと思う職員はいない。むしろ、給与が二倍になるという日祝日は勤務希望者が多く、「公平な」

勤務体制となるように人事管理担当者が注意深く職員のシフトを決めているケースが多い。

教育的価値を追求する公共図書館

利用者がいろいろな質問を抱えてやって来る図書館で重視されていることは、利用者が問題解決するために「どこへ行けばいいのか」をアドバイスすることだ。以前にも増して公共図書館の現場で強調されていることは「教育的価値（pedagogisuus）」[21]であり、日々やり取りをするメールや会議においてこの言葉が出ない日はないと言える。

日本語で「教育」というと「先生が生徒に教える」という意味合いが強いが、フィンランド公共図書館で重視されているのは、利用者が困っている問題の解決法を職員が「一緒に探す」という姿勢である。利用者からすれば、このような職員の姿勢が「身近さ」を感じる理由となっている。

利用者からどのような質問が来るのかあらかじめ予想することはできないし、職員がすべての問題に対する答えを知っているわけでもない。また、必要な知識、道具がすべて図書館で見つかるともかぎらない。テクノロジーの発達や社会の変化で、図書館がカバーする領域は拡大する一方だ。

公共図書館の職員に求められる要件とは

現実に追いつく形で、二〇一七年の図書館法の改正では公共図書館職員の要件が大きく変わった。二〇一三年に施行された「図書館令（Valtioneuvoston asetus kirjastoista）」[22]では、館長は修士の学位を有し、かつ六〇単位以上の図書館学・図書館情報学の単位を修めていること、そして職員の七〇パーセント以上は司書の資格を有しているということが定められていた。しかし、二〇一七年の法改正後は、「公共図書館は、図書館情報学の教育を受けた十分な数の職員およびその他の職員を有していなければならない」という記述になった。これによって各自治体は、職員の要件を自由に設定し、図書館分野の資格を有しない人を職員として広く雇用できるようになった。

念のために、「司書の資格」について説明をしておこう。司書とは、図書館情報学に関する最

（21）フィンランド語の「教育」に当たる語は「オペトゥス（opetus）」と「ペダゴギーカ（pedagogiikka）」の二つがある。前者は（学校などで先生が）教えることを指し、後者は厳密には教育学や教育法のことを指すが、図書館では学びに関する広い意味で使われている。エスポー市では、後述する図書館令の改正を受け、大学を卒業した図書館職員の肩書きが「図書館司書（kirjastonhoitaja）」から教育者を意味する「図書館教育職員（kirjastopedagogi）」に変更されたが、教員免許をもっているわけではない。

（22）https://www.finlex.fi/fi/laki/alkup/2013/20130406

低六〇単位を含む大学あるいは職業大学の卒業資格、および図書館に関する職業資格[23]、もしくは図書館の分野に関する最低三五単位を含む職業資格を有している人のことである。二〇一八年の段階では、ヘルシンキ都市圏図書館（「ヘルメット」と呼ばれる。四二ページ参照）に含まれるヘルシンキ、エスポー、ヴァンター、カウニアイネンという四市の図書館職員のうち、七七パーセント[24]が図書館分野の職業資格もしくは学位を有しているため以前の「図書館令」の条件を満たしているが、「図書館令」の要件変更の影響はすでに表れはじめている。

　フィンランド図書館に関する情報を

図１－２　ヘルシンキ都市圏図書館職員　保有学位・資格

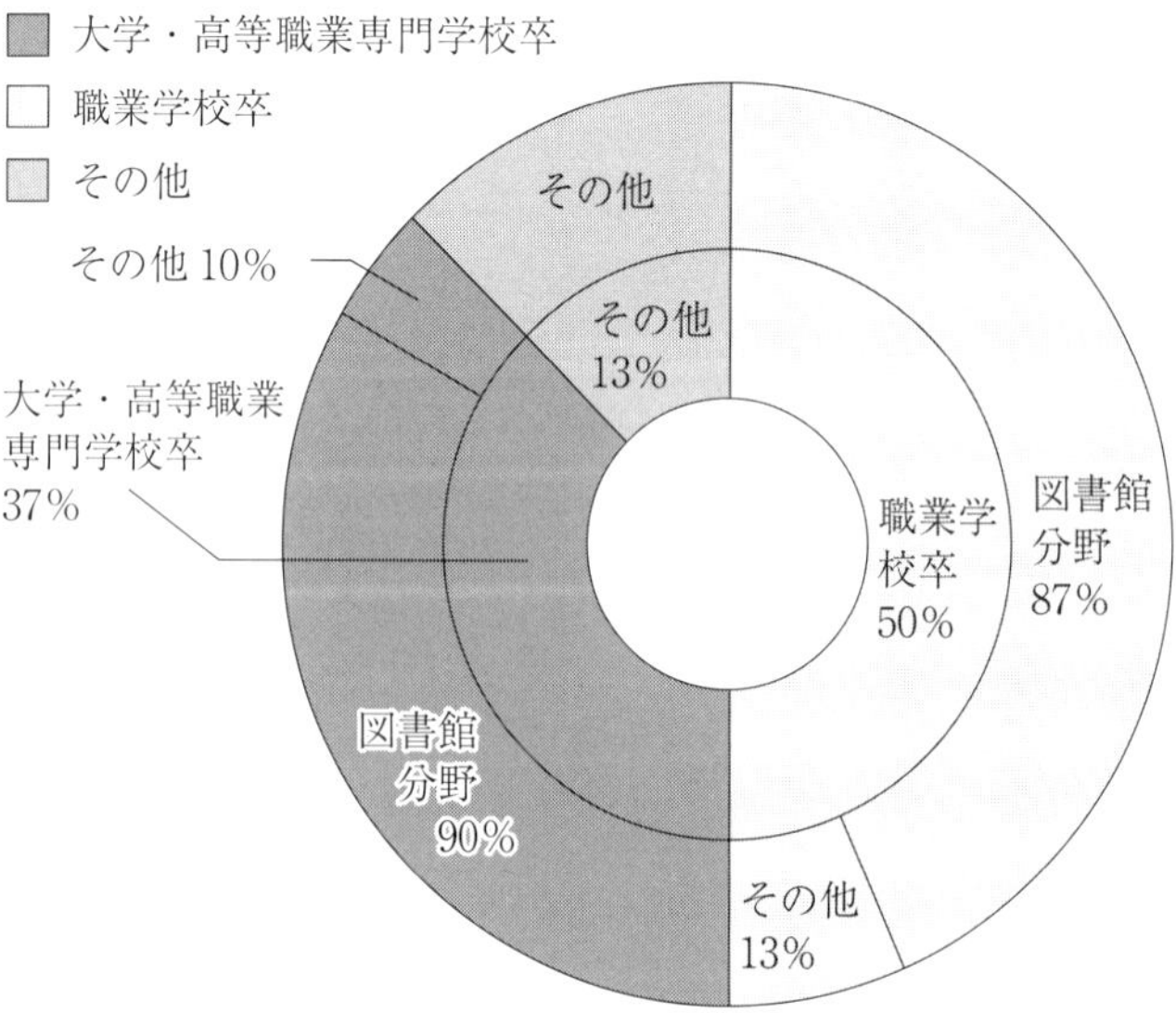

網羅する「kirjastot.fi」のサイト内には、全国にある図書館の「空きポジション」が確認できるページがある。[25] 二〇一九年二月二八日にアクセスしてみると、一〇件が掲載されていた。このなかの二件で館長など図書館経営にかかわるポジションで修士号を要件として挙げていたが、以前のように図書館情報学の単位数を要件としていたのは一件であった。

また、二件が移動図書館の運転手を募集しており、特定の運転資格を要件としていたが、そのほかについては「職種に適した職業資格」という記述しかないし、別の一件では最長二か月の夏期職員の募集で、「図書館の職業資格を勉強している学生」という要件になっていた。残る五件がいわゆる一般職員のポジションとなるが、以前と同じく図書館に関する職業資格や図書館分野の単位数を要件としているのは二件のみで、ほかの三件は「職種に適した学士資格」、「職種に適した職業資格」、そして「図書館の職業資格を保持していない場合は、オッピソピムスを提供する」という記述にとどまっている。

---

(23) 学校によって取得できる職業資格名は異なる。たとえば、ケウダ職業学校では「情報・図書館サービス職業資格（Tieto- ja kirjastopalvelujen ammattitutkinto）」と呼ばれている。

(24) 全職員中、三七パーセントが大学・高等職業専門学校卒、五〇パーセントが職業学校卒。**図1－2**参照。Suomen yleisten kirjastojen tilastot：https://tilastot.kirjastot.fi/

(25) https://www.kirjastot.fi/ammattikalenteri/avoimia-tyopaikkoja

岐路に立つ図書館の職員養成

図書館令の改正が図書館分野の教育制度に対してどのような影響を与えていくのだろうか。その変化が実際に表れるのはこれからだが、改正に先立つ二〇一六年、図書館協会のワーキンググループが図書館分野における教育について報告書(26)をまとめている。そのなかで、現場で求められているスキルとして次の八つが挙げられている。

❶図書館法の理解
❷地域住民のニーズに合わせた適切な情報サービス
❸資料に関する業務の処理
❹多様な情報源を用いた情報サービス
❺メディア教育および情報検索指導
❻イベントの企画
❼マーケティングとＰＲ
❽ＩＴ関連業務

また、同報告書は、公共図書館職員がこなす業務は非常に多岐にわたるが、「(コレクション業務や情報検索などの)図書館分野のスキルは今後も求められる」と述べている。二〇一七年にオウル職業高等専門学校の図書館コースが閉鎖されるというショックな出来事があったものの、図書館分野のスキルは現場でまだ必要とされており、次々と学校やコースの閉鎖が続くということは想像しがたい。前述の報告書が挙げているようなスキルを系統的に習得できるコースをいかにデザインしていくのか、今後、各校の「腕の見せどころ」となっていくだろう。

以上をまとめると、各自治体はサービスを維持するために図書館分野の職業資格や学位を有する職員を一定数確保しつつ、異なる職歴や学歴をもつ人材を求めるようになっていると言える。もはや公共図書館においては、図書館のみを専門とする人材を雇用するという方針は取りにくく、さまざまな関連職種も視野に入れた人材雇用を目指していると考えられる。

ただし、これは、公共図書館と学術図書館の間に求められるスキルの乖離《かいり》も意味することになる。図書館分野の重要性と必要性を専門家は認識しているものの、現実面では雇用および教育においては財政的な限界がある。そこで、フィンランドでは、学術図書館職員の養成は大学が担うという傾向がさらに強化されることになり、図書館の役割や職員のバックグラウンド、その養成システムの棲み分けがさらに進んでいくことが予想される。今後の展開も見守りたい。

（26）Selvitys kirjastoalan koulutuksesta（2017）http://suomenkirjastoseura.fi/mita-kirjastoseura-tekee/julkaisut/

図１－３　ヘルシンキ中心部の主な施設と本書に登場する図書館

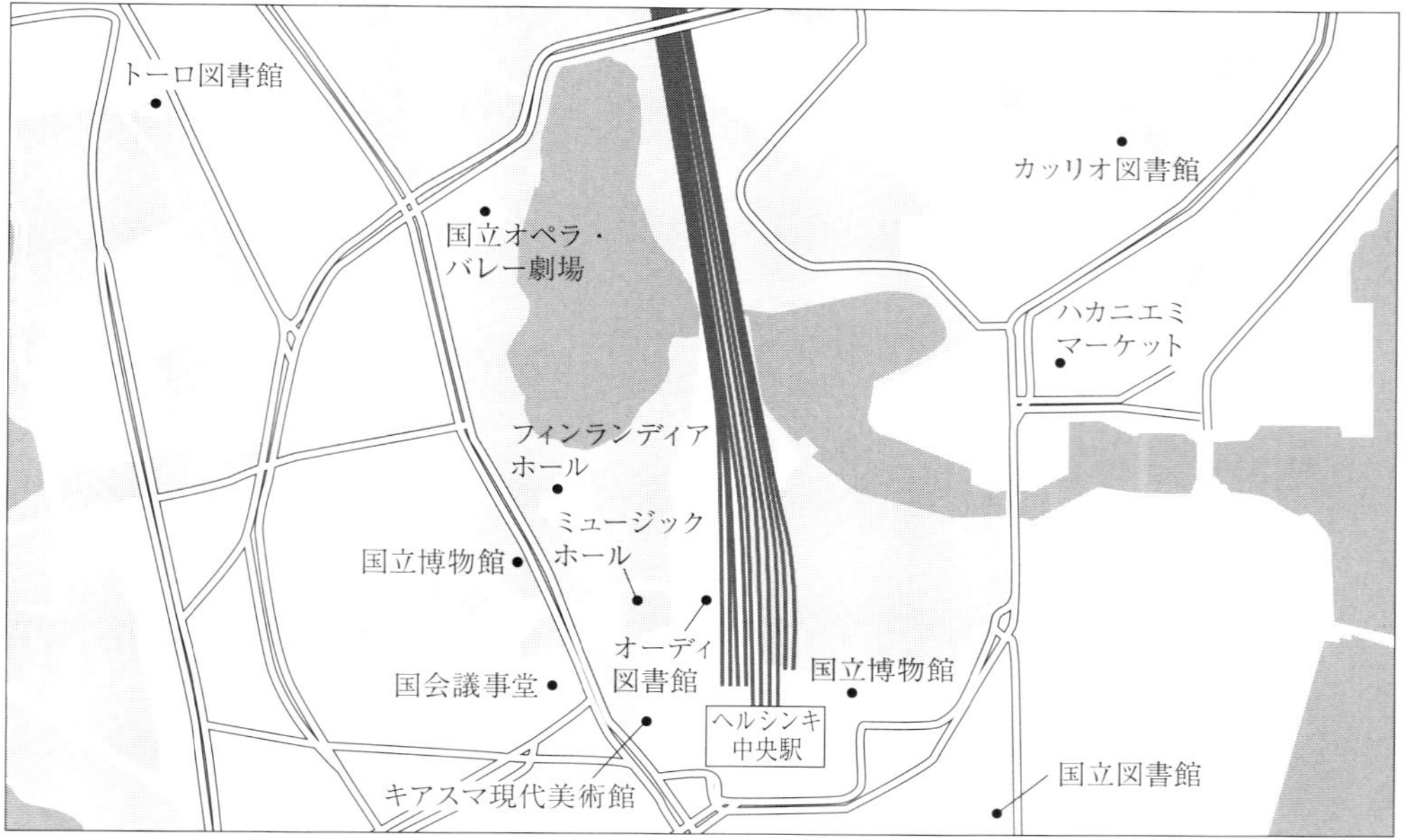

（出典：© OpenStreetMap contributors https://palvelukartta.hel.fi/）

5 ヘルシンキ都市圏の公共図書館――図書館ネットワークのニックネームは「ヘルメット」

次章から紹介していく図書館が立地するヘルシンキ市とエスポー市について、まず紹介をしておきたい。

ところで、フィンランドの基礎自治体についてはご存じだろうか。フィンランドには、日本の「県」に当たる「マークンタ（maakunta/region）」と、その下に位置し、「郡」と邦訳されることが多い「セウトゥクンタ（seutukunta/sub-region）」、さらにその下部、日本の「市町村」に相当する「クンタ（kunta）」と呼ばれる基礎自治体がある。このクンタには「カウプンキ（kaupunki）」と「クンタ」の二種類があり、街のサイズに応じてカウプンキを「市」、クンタを「町・村」と邦訳することが多い。本書においても同様の記述を採用した。

ヘルシンキ市の人口は六四万人で、図書館数は三七館となっている。一方、エスポー市の人口は二七万人で、図書館数は一六館となっている。両市とも、約一万七〇〇〇人に一館の割合で図書館があることになる。このように市内には複数の図書館があり、本書では各市の図書館の「総称」として「ヘルシンキ市図書館」、「エスポー市図書館」と呼ぶことにする。(27)

フィンランド全体で計算してみると、人口が約五四九万五〇〇〇人で図書館数は七一九館となっているので、約七六〇〇人に一館あることになる。(28)全体に比べると両都市の図書館が少ないように思われるが、人口がフィンランドではずば抜けて多く、また集中しているために図書館数が少なくなっている。ヘルシンキ都市圏には、ヴァンター市（Vantaa）とカウニアイネン（Kauniainen）市も含まれている。

これら四市は一つの図書館ネットワークを形成しており、「ヘルシンキ都市圏図書館（Helsinki Metropolitan Area Libraries）」の最初にある二つの単語から五つの文字を取って「ヘルメット図書館（HelMet）」という覚えやすい名称で呼ばれている。利用者登録、図書館システム、規則については、ヘルメット図書館の全館で共通となっている。

ここからは、利用者規則を見ながら、ヘルメ

ヘルシンキ中央駅

ット図書館のサービスと利用ルールを紹介していきたい。「規則」と聞くと利用者を縛るイメージがあるが、図書館規則に関して言えば、むしろ利用者が図書館で「できる」ことが示されている文書として読むことができる。

(27)　日本では市町村にある図書館の中央館の名称には、たいてい市町村名が含まれている。しかし、ヘルシンキ市には「ヘルシンキ市図書館」という名称の図書館はない。ヘルシンキ市の中央図書館の名称は「パシラ図書館（Pasilan kirjasto）」（六三ページの**コラム**参照）となっている

(28)　ちなみに日本は、約三万八〇〇〇人に一館という割合になっており、住民一人当たりの図書館数が絶対的に不足していることが分かる。

トラムが街を縦横に走り抜けるヘルシンキ

6 ヘルメット図書館の利用規則――無料サービスと有料サービス

ヘルメット図書館を使うための登録には、写真と「マイナンバー」が記載されている身分証明書、そしてフィンランド国内の住所が必要となる。一五歳以下の子どもがカードをつくる場合には、先にも述べたように（八ページ参照）保護者の同意がいる。団体が図書館カードをつくることも可能である。

資料の貸出については、**表1－2**に示したように点数と期間が定められている。図書館、移動図書館、ウェブサイトから五回までの資料更新が可能であるが、ベストセラー資料や物品については貸出の更新はできない。資料の予約は、同時に五〇点まで可能となっている。

館内で資料を閲覧する、資料の借り出し、レファレンスサービス、コンピュータの利用、館内滞在など、図書館の基本サービスは原則として無料となっている。しかし、ヘルメット図書館に所蔵がない場合の取り寄せや各種の印刷、手数料などは有料である。

近年、世界中の公共図書館では、情報を発信するためのさまざまなツールを無料で使えるようにしたコーナー「メーカースペース」が大流行しているが、フィンランドも同じく、「パヤ（paja）」「ヴェルスタス（Verstas）」「ヴァルッカーモ（Värkkäämö）」などといった名称のコー

表1－2　ヘルメット図書館の資料貸出点数と期間

種類	点数・期間・延滞料など
貸出点数（個人）	資料100点（うちコンピュータゲーム5点）
貸出期間（個人）	通常図書：28日間 ベストセラー：14日間 人気のある音楽 CD：14日間 DVD、ブルーレイディスク：14日間 コンピュータゲーム：14日間 楽器・工具・玩具などの物品：1日から28日まで（物品により貸出期間が異なる） 電子資料：1日から28日まで（サービスにより貸出期間が異なる）

出典：ヘルメット図書館「貸出期間・料金」のウェブサイトより作成
http://www.helmet.fi/Preview/en-US/Info/Using_the_library/Loan_periods_and_fees（37613）

ナーが続々と導入されている。(29) このコーナーの利用には何かと課金がつきものとなっている。

もちろん、資料を紛失・汚損したときには補償金を払う必要があるし、資料を規定の日時までに返却しなかった場合は延滞料が徴収されることになる。こうした料金の未払分が三〇ユーロ以上になった場合、借り出しの権利が失効することになる。利用者規則には、こうした有料サービスや補償金のすべてが示されている。

表1－3は、ヘルメット図書館のなかでも、もっとも詳細に図書館サービスの料金が示されたヘルシ

(29)「パヤ」とはフィンランド語で「鍛冶場」の意味だったが、現在では「作業場」とか「アトリエ」のような意味合いで使われる。一方、「ヴェルスタス」と「ヴァルッカーモ」は、「工房」とか「ワークショップ」のような意味をもつフィンランド語である。

表1－3　ヘルシンキ市図書館料金表

延滞料	
成人資料 延滞料 1日につき 成人資料 延滞料 最高限度額	0.2ユーロ（約26円） 6ユーロ（約780円）
補償	
成人用図書館カード　紛失・破損	3ユーロ（約390円）
子ども（15歳以下*）用図書館カード紛失・破損 ＊2018年から18歳以下となった。	2ユーロ（約260円）
資料の紛失・汚損	
成人の資料　紛失・破損：DVD, ブルーレイディスク、ビデオゲーム	42ユーロ（約5,460円）
子どもの資料　紛失・破損：DVD, ブルーレイディスク、ビデオゲーム	17ユーロ（約2,210円）
成人の資料　紛失・破損	5ユーロ（約650円）
子どもの資料　紛失・破損	3ユーロ（約390円）
貸出用バッグ、ホームサービス貸出バッグ* ＊病気、怪我、年齢等により来館できない利用者への配本サービス	10ユーロ（約1,300円）
サービス料金	
セルフサービスの印刷 ＊登録利用者は3ヶ月ごとに5ページまで無料で印刷可能	0.4ユーロ（約52円／1ページ）
コレクション資料の複写サービス	1ユーロ（約130円／1ページ）
遠隔サービス料金	
フィンランドと北欧諸国からの貸借	4ユーロ（約520円／1点）
ブリティッシュライブラリーからの貸借	25ユーロ（約3,250円／1点）

海外からの貸借	14～25ユーロ（約1,820～3,250円／1点）
各種料金	
中央図書館、講堂、コンピュータ講座用ルーム	45ユーロ（約5,850円／1時間）
他の施設	30ユーロ（約3,900円／1時間）
駐車料金（敷地内駐車）	2ユーロ（約260円／1時間）
物品の販売	
除籍図書・雑誌	0.2～35ユーロ（約26～4,550円）
ビニール袋	0.4ユーロ（約52円）
布袋	2.5ユーロ（約325円）
CD-R	1.5ユーロ(約195円／1枚)
DVD-R	2ユーロ(約260円／1枚)
コーヒー	1ユーロ(約130円／1杯)
メーカースペースのサービス	
3D プリント	0.7ユーロ（約91円／1回）
素材（1人1メートルまで）	1.2ユーロ～（約156円／10センチ）
ラミネートフィルム A4サイズ	0.3ユーロ（約39円／1枚）
バッジ製造機用の小・大サイズのバッジ（1人20個まで）	0.5ユーロ（約65円／1個）

注：料金表は2016年のもので、現時点とは異なる料金もある。
出典：ヘルシンキ市図書館料金表より抜粋して作成。http://www.helmet.fi/Preview/download/noname/%7B4A963817-1921-472D-B4A2-FE71D26DA161%7D/46019

ンキ市の料金表である。この料金表をよく見ると、公共図書館が情報・文化に関して受容の場から発信する場へと変化していること、そして、それとも関係するのだろうが課金サービスが多くなっていることが分かる。

7 セルフサービス図書館の利用規則

「セルフサービス図書館」に関する利用規則も見ておくことにしよう。「セルフサービス図書館」とは、図書館が閉館されているときに利用者が図書館カードを使って入館して、施設と資料を利用者の責任で自由に使うという仕組みである。これはデンマークではじまったサービスであり、「オープンライブラリー」と呼ばれている。(30)

以下に掲げるのは、ヴァンター市の「セルフサービス図書館規則」である。かなり細かな記述となっているが、

メーカースペースにある機械の使い方を丁寧に教えてくれる専門職員（イソ・オメナ図書館）

これだけ細かく決めておけば大抵の問題には対処できるし、「これらの規則を破らないかぎり、あとはどうぞ自由に使ってください」という図書館側からのメッセージともなる。

ヴァンター市におけるセルフサービス図書館規則

1．セルフサービス図書館について

セルフサービス図書館とは、利用者自身で施設を使うことができるようにしたシステムをもつ図書館のことを指します。有効なヘルメット図書館カードとPINコードを持っていれば、開館時間外にも図書館施設に入ることができます。セルフサービスの時間帯に職員はいませんが、施設内には監視カメラやアクセス記録のための機

(30)　オープンライブラリーの仕組みの詳細については、吉田右子著『オランダ公共図書館の挑戦』新評論、二〇一八年、二〇七～二一〇九ページを参照。

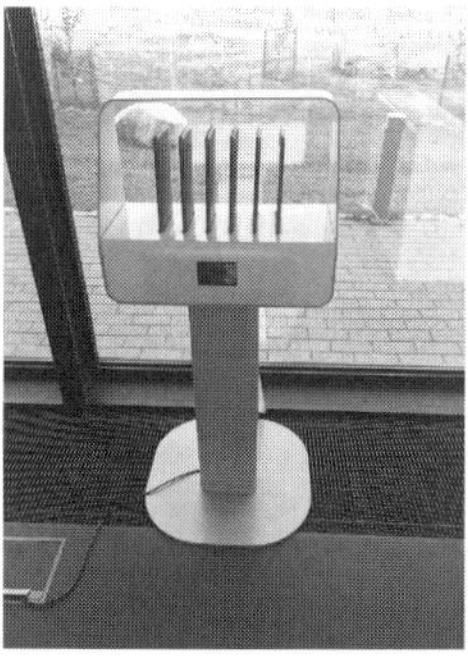

利用者用タブレットもセルフサービスで使う（マウヌラ図書館）

セルフサービスの時間帯にはこの機械にカードを通して入館する（カウクラハティ図書館）

器が設置されています。

資料の借出、返却、利用者用コンピュータ、雑誌の閲覧、仕事や打ち合わせなどができます。無線LANも使えます。図書館の開館中であれば、職員がセルフサービス図書館の利用方法を教えることができます。職員がいる時間帯とセルフサービス図書館の時間帯の情報は、ウェブサイト（www.helmet.fi）の各館のページに掲載されています。

2．図書館施設への入館と退館

セルフサービス図書館の時間帯、すべてのヘルメット図書館で入手できる有効な図書館カードとPINコードで入館することができます。登録の際は、本人であることの証明が必要です。図書館カードは所有者個人のみ利用可能です。図書館カードとPINコードの入力によって個人認証を行えば、図書館に入館が可能となります。

保護者もしくは図書館カードの保証人と一緒に来館した一五歳以下の子ども、自分の図書館カードを所持せずに図書館カードを所持する別の保証人とともに訪れる利用者以外は、本人の図書館カードを使用してログインする必要があります。

セルフサービス時間の開始時間と終了時間、職員の勤務開始の報知は館内放送があります。セルフサービス時間の終了時および図書館が閉館されたら、退館してください。その時間から、図書館の通常の盗難防止システムが有効になります。

3. セルフサービス時間帯にできること

セルフサービスの時間帯には、貸出・返却装置を使って予約した資料の受け取り、借出、返却ができます。借出・返却に関して問題がある場合は、職員に尋ねて解決してください。図書館カードに記録されている資料についての責任は、図書館カードの保持者にあります。

図書館カードとＰＩＮコードでログインし、利用者用の端末を使うことができます。雑誌や資料も自由に使えます。施設内では無線ＬＡＮも使用可能です。

職員がいないと対応できないため、セルフサービスの時間帯には利用できないサービスもあります。たとえば、料金の支払いや図書館カードの発行、印刷、複写などです。

ヴァンター市図書館が承認していない、「集会法（1247/1999）」が定める集会や公的行事を、セルフサービス時間帯に図書館で開催することはできません。

4. 責任と義務

図書館の利用者規則はセルフサービス時間帯も有効です。利用者の過失による資料への損害に対しては補償の義務が生じます。損失の補償には、ヘルメット図書館利用者規則、「物損法（412/1974）」を適用します。

セルフサービス時間帯は、入館時の際、ドアを開けたときにほかの人が図書館施設に入らないことを確かめてください。両親に同伴された一五歳以下の子どもはログインなしで入館可能です。両親が同伴せずに一五歳以下の子どもが入館を希望する場合は、入館者本人の図書館カードとＰＩＮコードで入館する必要があります。

図書館は「治安法（612/2003）」が遵守される公共施設です。同法に基づき、図書館はセルフサービス図書館利用者の以下の行為を禁じています。

・飲酒、薬物の使用
・騒音により秩序を乱すこと
・暴力や暴言による他の利用者への迷惑行為

利用者は、館内の整頓、快適性、安全性の維持に心がけてください。

セルフサービスの時間帯の終了時や閉館時には速やかに退館してください。退館していない場合はアラームが鳴ります。アラーム装置を故意に作動させたときには課金されることになります。

もし、利用規則や公共秩序法に反した場合には、セルフサービス図書館の利用が禁止されます。違反行為は、必要に応じて警察に通報されます。

未成年者の場合には図書館は保護者に連絡を取ります。保護者や図書館カードの保証人は図書館に対し、一五歳以下の子どもがセルフサービス時間帯に入館できないように要請することが可能です。

5．館内アクセスの制御と監視カメラ

セルフサービスはアクセス制御と監視カメラによって、「個人情報法（523/1999）」の規定に基づく個人の記録を取ります。この記録は、ヴァンター市図書館および［または］ヴァンター不動産センターが

管理します。

管理記録の内容を確認する権限は、図書館長と館長から権限を与えられた者にあります。

8 図書館サービスの最前線

フィンランドの図書館がどのようなサービスを提供しているのかについて利用規則を通じて見てきたが、次章からはじまる各図書館のストーリーをより楽しんでいただくために、規則には現れない公共図書館の「今」が感じられるトピックをいくつか紹介しておこう。

音事情・飲食事情

フィンランドの公共図書館は、基本的におしゃべりOK、飲食も自由である。今回の図書館調査は猛暑が北欧のニュースとなって騒がれていた八月だったが、図書館にスイカを丸ごと持ち込んで、その場で半分に割って食べる「ツワモノ」の姿を目撃した。もちろん、スイカは極端な例であるが、資料を汚したり周囲の利用者に迷惑をかけたりしない程度の軽食は許されている。

館内での会話も自由なので、みんな普通におしゃべりをしている。そのため、館内で静寂を求める人は特別のスペースに行く必要がある。「図書館イコール静寂」という感覚は、フィンランドの図書館では遠い昔のものとなっている。

これまでに訪れたデンマークやオランダなどでは、公共図書館に魅力的なカフェが併設されていることが多く、カフェを中心にして図書館サービスの展開を考えている図書館もあるほどだった。フィンランドの場合、カフェのある図書館もあればない図書館もあるわけだが、そのことが図書館にとって重要な要素となっているようには見えなかった。

カフェを中心に図書館づくりを試みるオランダ、居心地のよい空間づくりを常に議論しているデンマークの図書館に比べると、その違いが際立っている。実は、ここにフィンランドの図書館の「秘密」が隠されていたのだが、それが分かるのはもう少しあとになってからである。

館内のカフェ（ヨーエンスー地区図書館）

仕事場としての図書館

おしゃべり解禁・飲食自由な空間だからこそ、フィンランドでは公共図書館を「仕事場」にする人がすごく増えている。インターネットの発展と相まって、世界的に増加している会社以外で仕事をする人びとから圧倒的に支持されているのが公共図書館ということになる。とりわけ、働く場所と時間が個人の裁量に任されるようになりつつある北欧では、フレキシブルな時間と空間で働く人の数がどんどん増えている。

一〇年前でさえ自分のコンピュータを持ち込んで仕事をする人をさまざまな図書館で見かけたが、今回のフィンランド訪問では、図書館を仕事場にしている人の多さを改めて実感した。もちろん、図書館側もこうした人に対するサービスに余念がない。インタビューのなかでも、「図書館で仕事をする人が増えてきているので、そのニーズにこたえるために環境整備をしています。コンセン

静寂を求める人のために用意された特別なスペース（イソ・オメナ図書館）

トを増やしたり、貸出用のラップトップを大幅に増やしました」

とか、とても小さい図書館を案内してもらっているときに、

「あの人はね、いつもあの席を仕事場に決めているんです」

と、小さな声で教えてくれた職員もいた。

実際、フィンランドの公共図書館はとても仕事がしやすい。コンセントはふんだんにあるし、お腹が空いたら持参したお弁当を食べることもできる。適度に賑やかで、適度に静か——仕事をするには最高の環境と言える。

日本の公共図書館はおしゃべりや飲食を禁じているところが多いから、フィンランドの公共図書館と似た雰囲気をもつところと言えば街中のカフェとなるだろう。でも、カフェには、必ずと言っていいほど「長時間の勉強、パソコンのご使用はご遠慮ください」という断り書きがあるうえに、「長時間にわたって利用されているお客様にはスタッフがお声をかけさせていただくことがあります」という怖い文句が追記されている。

フィンランドではカフェも鷹揚で長時間の滞在が可能だが、図書館にはカフェをはるかに上回るだけの利点がある。何よりも、自分の商売道具を思う存分広げることはカフェではなかなかできない。それに対して図書館では、長時間の滞在でお腹が空いたら、ほかの利用者の迷惑にならないかぎり商売道具を広げたまま軽食を取ることだってできるのだ。そして、仕事に疲れたら、

付近を散歩することもできる。さらに、セルフサービスで使えるオープンライブラリーが次々に導入されていることも、図書館を仕事場にする人にとっては好都合となる。

図書館内のクリエイティブスペース

おしゃべりの自由なフィンランドの公共図書館で、ひときわにぎやかな場所がある。先ほど紹介した、「メーカースペース」と呼ばれるクリエイティブスペースである。アメリカを発祥とするメーカースペースは、物理的な空間としての生き残りをかけて公共図書館が展開する新たな利用者サービスであり、全世界で導入が進んでいる。メーカースペースには、３Ｄプリンターをはじめとしてさまざまな機器や工具が置かれて

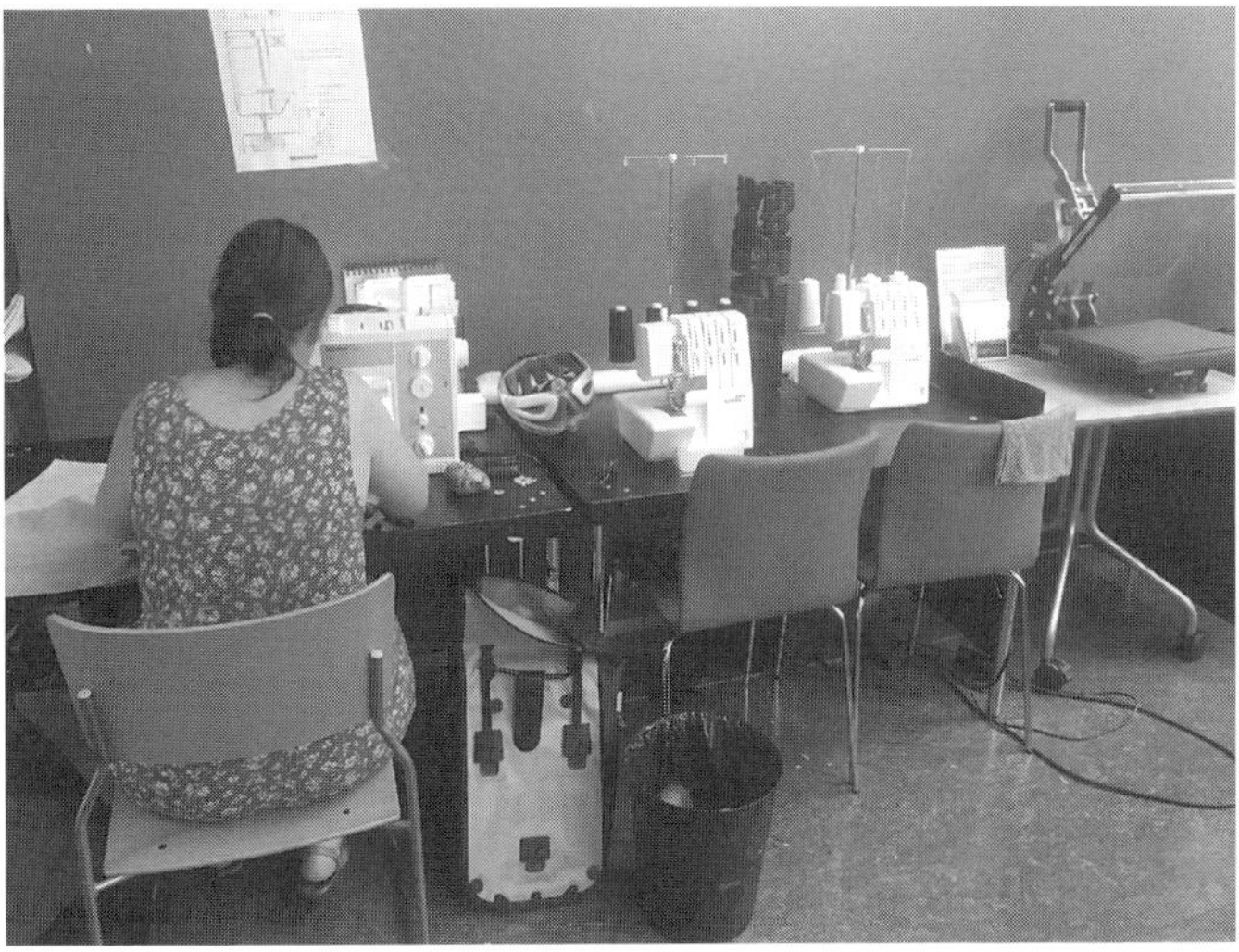

公共図書館でのモノづくりはフィンランドでは当たり前（ライブラリー・テン）

おり、利用者は職員に使い方を教わりながらモノづくりを楽しむことができる。

こうした空間は、資料提供にとどまらない図書館の可能性を利用者に示すとともに、図書館から足が遠のきがちの住民に図書館の魅力を再発見してもらう契機ともなっている。もっとも、海外の公共図書館では、文房具からスキャナーといった機器まで利用者にこれまで無料で提供してきたから、メーカースペースもこうしたサービスの延長にある。フィンランドにおいて、個々の図書館がメーカースペースを使ってどのようなサービスを展開しているのかについては、それぞれの章で紹介することにしたい。

全体的な紹介はこのあたりまでとして、フィンランドにあるそれぞれの図書館に出掛けることにしよう。

第2章

市民とともに起こす公共図書館革命

――市民の夢のオーディ図書館

開館まもない館内を行き交う人びと

1 フィンランド建国一〇一年のグランドオープン

「フィンランド公共図書館は、本当の意味ですべての人のための図書館なんです」

オーディ（Oodi）図書館の館長アンナ＝マリア・ソイニンヴァーラ（Anna-Maria Soininvaara）氏は、はにかんだ笑顔とともにこのように話してくれた。国際的には、公共図書館は地域社会の「弱い立場にある人々」を対象としたサービスを展開することがトレンドになっている。そのような状況のなか、北欧を代表するフィンランド公共図書館は、地域の民主主義と文化創造の拠点となるべく、「あらゆる人々」に向けたサービスを強化してきた。そして、二〇一八年一二月五日、「フィンランド建国一〇〇年」の記念事業の一つとして、フィンランド政府、ヘルシンキ市、市民が一体となって、「あらゆる人々」のためにつくり上げたオーディ図書館が首都ヘルシンキの中央駅の隣に開館したのである。

日の出前の午前八時、薄暗く寒い冬空の下、開館を心待ちにしていた人々が館内へと次々に迎え入れられた。筆者もその列に並んで館内に入り、出迎えてくれたオーディ図書館長とヘルシンキ市図書館長に挨拶をし、オープニングイベントのために用意されたオーディ図書館の形をしたケーキと、伝統的なクリスマスシーズンの飲み物である「グロッギ（glögi）」のもてなしを受けた。

開館直後のアンナ＝マリア・ソイニンヴァーラ氏（オーディ図書館の館長）

ヘルシンキ市図書館のサービス部長カトリ・ヴァンティネン氏（Photo: Pertti Nisonen）

オーディ図書館の外観（開館時は外壁が未完成）

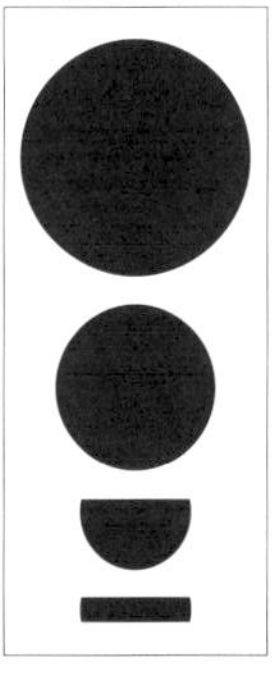

オーディ図書館のロゴマーク（紙製の栞）

オーディ図書館のケーキ

グランドオープンでは、テープカット、ファンファーレ、盛大な拍手といったセレモニーはなく、図書館の外壁もまだ建設中という状態であった。しかし、館内は眩いばかりに輝く照明とクリスマスの装飾によって、華やかな雰囲気に満ちていた。オーディ図書館は、静かで、美しい未完の開館を迎えたのである。

オーディ図書館の正式名称は「ヘルシンキ・セントラル・ライブラリー・オーディ（Helsingin keskustakirjasto Oodi）」である。愛称となった「Oodi」は公募によって選ばれたもので、日本語では、神や君主の栄光を讃える歌の「頌歌《しょうか》」を意味する。この言葉は、フィンランドにおいて古くから使われ続けており、言葉がもつ意味と歴史から「建国一〇〇年事業」としてふさわしいものとされた。

この名称には、建国一〇〇年を祝した「国民への贈り物」という国からの想いも込められている。それにしても、これだけの規模と「セントラル」という名称をもちながら、ヘルシンキ市図書館の中央館（パシラ図書館・Pasilan kirjasto）がほかにあるのだから、図書館業界に携わる関係者はその驚きを隠せない。先の言葉に続けて、館長が次のように話した。

「街と市民の中心（セントラル）にあり、すべてが市民のために存在しているのに、図書館職員のための大きなオフィスがそこにあったらおかしいでしょう」

column

ヘルシンキ市図書館の中央館「パシラ図書館」

パシラ図書館は、ヘルシンキ市図書館（総称）の中央図書館である。この図書館はヘルシンキ中央駅から北へ約5㎞のところに位置し、延べ面積3,500㎡で、約20万のコレクションを保有している。フィンランドにおける著名な建築家のカールロ・レッパネン（Kaarlo Leppänen, 1929～2005）によって設計された。

建築としての特徴は、1階の閲覧スペースが大きな円形の吹き抜けになっており、中央に美しい噴水、その周辺にフロアランプと観葉植物が置かれていることである。パシラ図書館は、1986年に設立されて以降、前中央館の「リクハルディン図書館（Rikhardinkadun kirjasto）」に代わってその機能を有するようになり、現在では「ヘルメット」の図書館システムの中心となっている。また、1995年に、教育省（Opetusministeriö）から外国人向けの図書館サービスを全国的に行うという役割が助成金とともに割り当てられた。その結果、パシラ図書館には80言語を超えるコレクションが取り揃えられるようになり、日々ほかの地域から届く問い合わせにもこたえている。

これらのコレクションは、「多言語図書館」として市民に公開されている。このセクションには、図書だけでなく雑誌、オーディオブック、音楽や映画などの視聴覚資料も含まれている。また、専用のコンピュータを使ってゲームを楽しんだりすることもできる。多言語資料は保育園や学校にも必要に応じて提供され、資料の活用法について司書が相談に乗っている。

吹き抜けの空間が印象的なパシラ図書館

開放的な館内を少し見渡すだけで、その設計思想が伝わってくる。図書館におけるあらゆる空間が、市民に開かれているのだ。フィンランドは平等と高福祉国家としての政策を推進し、高い水準のサービスをあらゆる人々に届けようとしてきたが、オーディ図書館は、それを二一世紀においてヘルシンキ市の中心で具現化するものである。この図書館は、二一世紀におけるフィンランドの文化、社会、芸術、文学、読書、そして民主主義国家の象徴と言える。まさに、市民のためにつくられた「国からの贈り物」としてふさわしい存在であるだろう。

2 エントランスホールと多目的スペース（一階）

正面の大きく透明なガラスは、オーディ図書館の外側と内側に壁のない空間を創造している。一階に設置されている四方に開かれた入り口は、「フィンランドに存在するすべての人々に対して開かれている」という国民へのメッセージのようである。夜、このガラスを通して外の空間に漏れ出る柔らかな光は、身体的にも精神的にも安心できる空間としてオーディ図書館が存在していることを市民に気付かせてくれる。

中央の入り口から入るとすぐに、開放感とともに、両側に広がって先が見えない奥行きに探究心が刺激される。この入り口付近には、展示スペースと市民の誰もが音楽や踊りといった芸術作品を発表することができる「マイヤンサリ（Maijansali）」（**図2－1の❸**）と呼ばれる多機能型のステージが設置されており、そこはまさに、首都ヘルシンキにおける市民のための文化と芸術の発信地と言えるだろう。

この一階には、ヘルシンキ市のあらゆる情報と、欧州連合（EU）をはじめとした国際的な情報を提供するサービスコーナー、フィンランドの国立視聴覚機関[1]が運営する「映画館（Kino Regina）」（**図2－1の❶**）、さらには「Karl《カール》 Fazer《ファッツェル》」というフィンランドの地元企業が運営する「レストラン（Ravintola Oodi）」なども設置されている。つまり、オーディ図書館の一階では、地域に根差した人びとや組織との

(1)　(Kansallinen audiovisuaalinen instituutti：KAVI)　視聴覚文化の普及、振興、保存などを行っている教育文化省の下部団体であり、フィンランドのメディアリテラシー教育を主導している。映画、テレビおよびコンピュータゲームの基準を規定したり、メディアに関する法律の遵守を監督する役割も果たしている。

マイヤンサリと会場から溢れる人びと

図２－１　エントランスと多目的スペースのフロア図（1 階）

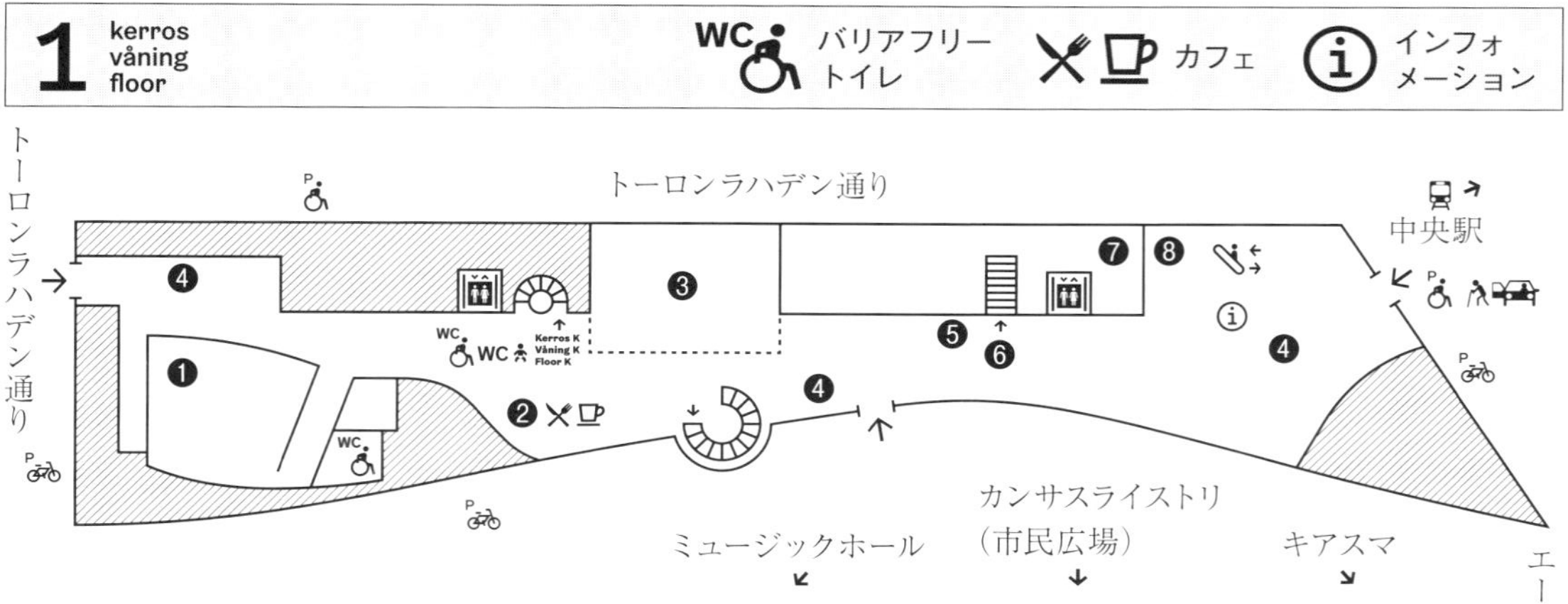

1 階

❶映画館レギーナ
❷レストラン・オーディ
❸マイヤンサリ
❹貸出コーナー
❺返却コーナー
❻ブリッジ
❼ヨーロッパ体験コーナー
❽利用者用コンピュータ

出典：オーディ図書館が作成した館内図を基礎に筆者作成。（２階、３階も同様）

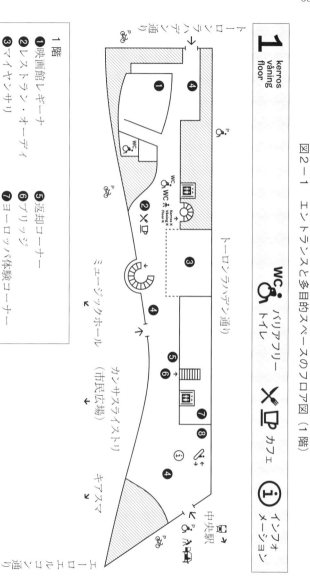

連携による幅広いサービスが提供されているということだ。これらは、図書館職員のマネジメントのもと、地域のステークホルダーの力を借りながら、あらゆる利用者のニーズにこたえていくためにつくられたのである。

3 クーティオとメーカースペース（二階）

二階では、グランドオープンを祝う音楽とともに子どもたちが飛び跳ねていた。その振動で、ドラムのような音が鳴り響きはじめた。これを耳にしたヘルシンキ市図書館（総称）のサービス・ディレクター（kirjastopalvelujen johtaja）[2]を務めるカトリ・ヴァンティネン（Katri Vänttinen）氏は、「当初、こんな音が鳴り響くとは想像もしなかったけれど、文化創造のハートビートのように感じるわ」と、笑いながらつぶやいていた。この二階には、二一世紀型図書館への挑戦があり、活動的かつ創造的な空間がつくられている。そして、市民のさまざまな夢がこの

（2）サービス・ディレクターは日本における公共図書館の館長のように、ヘルシンキ市図書館の全体をマネジメントする役割を担っている。

図2－2　メーカースペースのフロア図（2階）

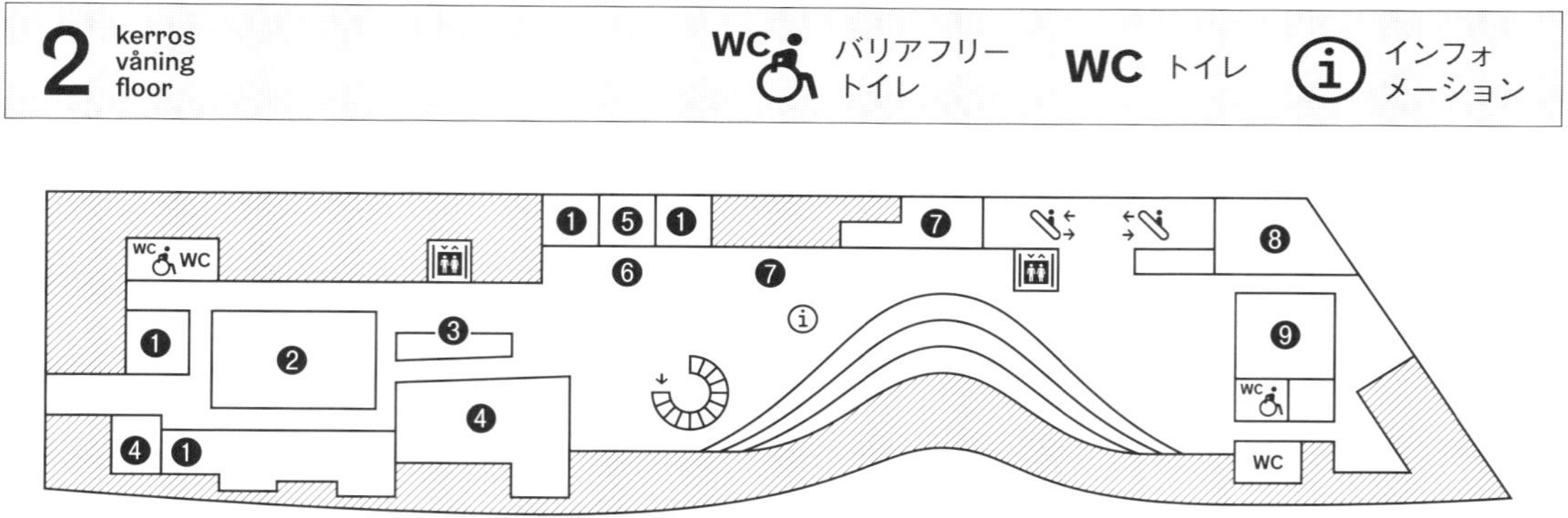

2階

❶グループルーム
❷スタジオ
❸ゲームルーム
❹学習スペース
❺プリンター
❻ワークステーション
❼メーカースペース「アーバン・ワークショップ」
❽読書スペース
❾クーティオ

ワークステーション

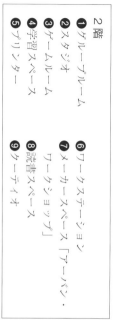

フロアにぎっしりと詰まっている。

たとえば、「ライブラリー・テン」（第3章一一五ページを参照）で成功を収めた「メーカースペース」（第1章四四ページを参照）は、さらに拡張された「アーバン・ワークショップ（Urban workshop）」として設置されている。このアーバン・ワークショップがあるエリアは、透明なガラスで仕切られた部屋にレーザーカッターや木を削る工作機械などがあるほか、プログラミング対応の機能が付いた刺繍ミシン、何台もの3Dプリンター、ハイエンドの映像編集用のマルチモニター・コンピュータ・ワークステーションなど、モノづくりに必要とされる最先端の道具と機械が整備されている（図2－2の❼）。

二階の少し奥まったスペースには、市民音楽家が歌や演奏の練習をしたり、自らの音楽作品を録音・編集したりするためのスタジオが複数用意されている（図2－2の❷）。このスタジオには、声楽から器楽に至るまで、音楽にかかわる専門的な機材が幅広く揃えられている。職員によれば、このような図書館のスタジオで収録した曲でデビューを果たした音楽家もいるということだった。

エスカレーターの入り口付近には、「クーティオ（Kuutio）」と呼ばれる一〇〇平方メートルほどの空間に、複数台のプロジェクターとタッチパネルになっているスクリーンが全面に設置されている。この空間は、講演や文化的なイベントなどを目的として設計されており、タブレット、大型モニター、ヴァーチャルリアリティー装置など、あらゆる最先端の情報端末やメディア関連の機器が設置されている。アールト大学（Aalto-yliopisto）(3)にも接続しており、公開講座なども検討されていた。このように「クーティオ」は、次世代メディアと知的活動における未来のあり方が模索されている空間と言える。

このほかにも、二階には図書館の基本的な機能である学習スペースやミーティンググルームはもちろんのこと、現代の市民のニーズに応えるビデオゲームやキッチンに至るまで、活動的な市民を支える機能が数多く用意されている。それにもかかわらず、「未来の図書館として、どのような青写真を描いているのか?」という質問に対して担当職員は、「自分たちにも、この先がどうなるのかは分からない。いまだ完成はしておらず、〈進化の過程〉にある」と述べていた。

4 ブックヘブン（三階）

人と本がもっとも幸せになれる空間とは、どのようなところなのだろうか。高級ホテルのラウンジのように贅沢でゆっくりと時間が流れる空間、自宅のリビングのようにリラックスでき何をしても許されるような空間、大きなガラス窓から大自然が一望できる空間など、世界のさまざまな図書館がその理想を追い求めて人と本のための空間を創造してきた。そのようななか、オーディ図書館の最上階にある「ブックヘブン（Kirjataivas）」は、人びとにとっても本にとっても理想郷の一つとして挙げられるだろう。

オーディ図書館の中心にある螺旋階段を上り、三階の風景が少しずつ視界に入ってきたとき、最初に目に飛び込んでくるのは、真っ白で柔らかな雲のように波打つ天井と、その雲のなかに鎮座しているかのような、重力を感じさせない真っ白な書架であった。最上階の中心に立って周囲を見渡せば、天井の緩やかな曲線がどこまでも続き、遠くまで見通すことができるフロアの先に、なだらかで小高い丘があることに気付く。

雲（天井）と書架の両脇に設置された大きなガラスの壁

（3）　二〇一〇年にヘルシンキ工科大学、ヘルシンキ経済大学、ヘルシンキ美術大学が統合されて設立された新構想大学。科学、ビジネス、アートを融合させた教育・研究を目指している。

ブックヘブン

から差し込む北欧の柔らかな外光は、人々の心をさらに明るく穏やかな気持ちにさせてくれる。雪の文様が刻まれたガラスの壁の外に対峙して聳え立つ国会議事堂（eduskunta）とミュージックホール（musiikkitalo）は、市民が民主主義と文化の中心に位置し、それらとしっかりつながっていることを想起させてくれる。大きなガラスの壁から突き出た「市民のバルコニー（kansalaisparveke）」に出れば、開放感とともに、そのことがより一層強く感じられるに違いない。

さらにこのフロアを探索すると、「ブックヘブン」の両端にある小高い丘の麓に、市民が集まる場所が用意されていることに気付く。北の端には、子どもと家族のための空間があり、ここではストーリーテリングやワークショップといった家族向けのイベントなどが開催されている。一方、南の端では、講演会や作家との対話イベントといった大人向けの企画やプログラムが開催されており、市民は図書館の中で気軽に本物の文学と文学者に触れることができる。イベントの最中にフロア中央にある書架の空間にいると気付くのは、

ブックヘブンから議事堂への眺め

議事堂を望む市民のバルコニー

図2－3　ブックヘブンのフロア図（3階）

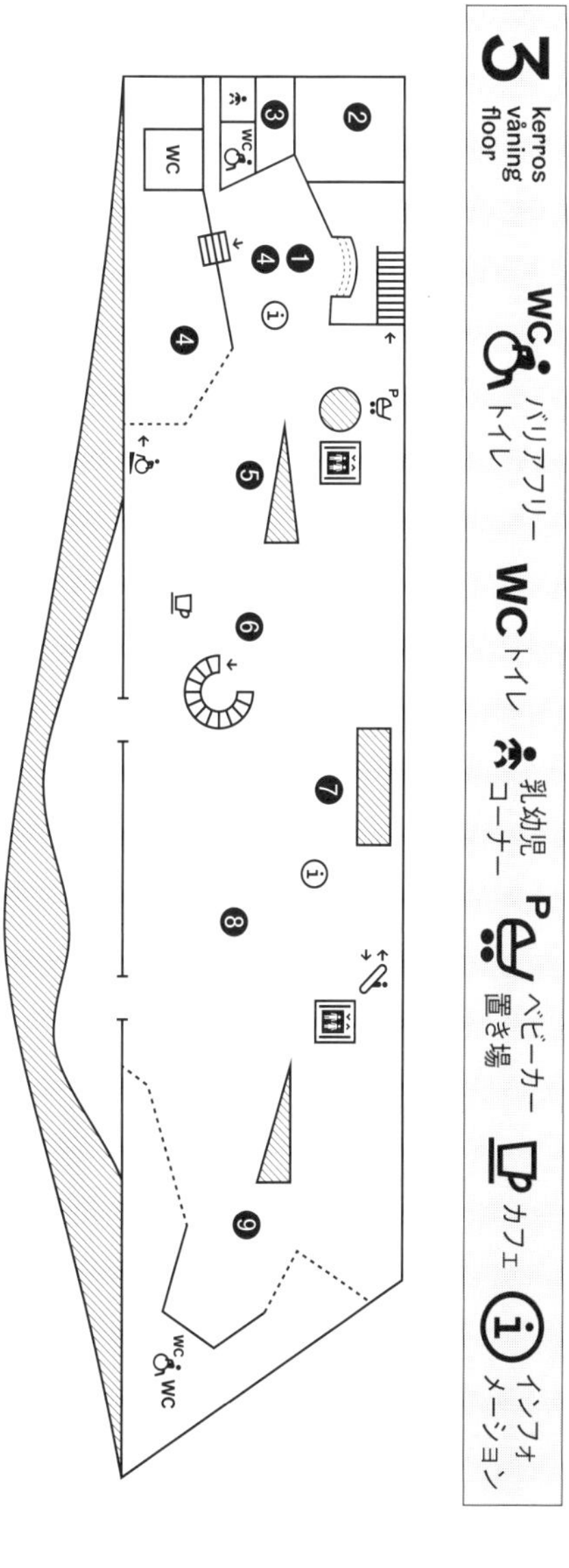

3階
❶子どもと家族のスペース
❷イベントスペース
❸お話ルーム
❹児童書
❺雑誌
❻フィクション
❼予約資料
❽ノンフィクション
❾新聞

たれていた。

「静寂性」である。雲のように見える天井が吸音し、中央に位置する書架のエリアは静けさが保たれていた。

最後に目を引いたのは、カフェと螺旋階段付近に設置された多言語のコレクションである。前述したように、ヘルシンキ市図書館には八〇を超える言語のコレクションがあるが、その一部がフロアの中央付近に配架されていた。国を支える文化の中心に言語があるとすれば、その言語によって紡ぎ出された文学、作家、市民との出会いの場を、オーディ図書館は「ブックヘブン」の中心で実現していることになる。そして、知的な活動に少し疲れたときは、書架の間に溶け込むように設置されているカフェや観葉植物が、ひと、と、き、の休息をもたらしてくれる。

5 グランドオープンで行われたイベントの詳細

グランドオープンのイベントは、一二月五日と六日にわたって開催された。一日目は外のステージを中心とした二三件のイベントが開催され、二日目は「ブックヘブン」を中心とした三一件の家族のためのイベントが開催された。この間、およそ五万五〇〇〇人もの訪問者があった。

初日、オーディ図書館長からの挨拶はもちろんのこと、フィンランド国会議事堂からの挨拶、

2018年12月5日　イベント	
アウトドアステージ	
13：50	フィンランド国会議事堂からオーディ図書館に向けた記念のライト点滅
14：00	ヘルシンキ・フィルハーモニー管弦楽団による「フィンランディア」の演奏
14：10	エルメル・ディクトニウス「ジャン・シベリウスへの頌歌」
14：15	ヘルシンキ市副市長ナシマ・ラズマイアーとオーディ図書館館長アンナ＝マリア・ソイニンヴァーラによるスピーチ
14：30	子どもたちがオーディ図書館開館を祝福
14：30－16：00	作家ヴィルヤ＝トゥーリア・フオタリネンとヤニ・ニエミネンが選んだ詩のプレゼント
14：45	童謡の広場（ファミリー向け）
15：00	ドナルド・ダックの編集者アキ・ヒューッパがダックパークからご挨拶（ファミリー向け、若者向け）
15：15	フィンランディア文学賞ノンフィクション部門受賞者セッポ・アールトのスピーチ
16：00	フィンランド大統領サウリ・ニーニスト、ヘルシンキ市市長ヤン・ヴァパーヴオリ、オーディ図書館館長アンナ＝マリア・ソイニンヴァーラによるスピーチ
16：30	ダンス公演「森への頌歌」
17：00	フィンランディア文学賞フィクション部門受賞者オッリ・ヤロネンスピーチ
17：15	キアスマ現代美術館による舞台公演（演劇）
17：30－19：00	「市民の広場」（Kansalaistori）にて、作家ヴィルヤ＝トゥーリア・フオタリネンとヤニ・ニエミネンが選んだ詩のプレゼント
17：45	サーミ音楽を現代に蘇らせる音楽バンドSoljuコンサート
18：30	フォークポップバンドKalevauva.fiコンサート

出典：オーディ図書館が作成した「オープニングイベントリスト」を基礎に筆者が作成。

18：45	オーディ図書館のご近所（キアスマ、フィンランド放送交響楽団、ヘルシンキ新聞本社ビル・サノマタロ）から音楽によるお祝いスピーチ
19：00	ヒップホップグループ D.R.E.A.M.G.I.R.L.S コンサート
20：00	アコーディオン奏者キンモ・ポフヨネンによる「ウルトラ・オルガン」音楽パフォーマンス「オーディ図書館のために」
1 階	
14：00	「童謡広場」でインストラクターとともに遊ぼう（ファミリー向け）
14：15	マグダレーナ・バーグマンによる伴奏付き演奏
14：30	ミュージカル『スズランスイセンとドラゴン』（若者向け）
15：00	ヘルシンキ・アート・ミュージアムによるオーディ図書館の芸術作品ガイド
15：00	詩人・劇作家トゥオマス・ティモネン「頌歌　故郷へ」
15：15	方言名人エスコ・ヴェプサとスラング合唱隊の方言コーラス
15：45	マリーナ・ツヴェターエワ「富裕への賛美」
16：30	一緒に楽しんで：ミュージカル・パフォーマンス
17：00 - 17：30	ダンス公演「森への頌歌」
17：30 - 18：15	カッリオ地区の本：ランドマークとなる物語
18：15	合唱曲「フィンランドに」への頌歌（作家イルポ・ティーホネン）
18：30	劇作家ユハ・フルメによる講演「腐敗した詩」
2 階	
14：00 - 20：00	写真愛好家による写真展示
14：00 - 20：00	アートに影響力のある若者：ワークショップ
14：00	ジャズ・ミュージシャンヤルノ・ティッカと映画音楽作曲家トゥオマス・トイヴォネンによる電子音響作品演奏
14：00 - 19：00	セキュリティの衝撃：専門家に尋ねる

14：00	ナイチンゲール・テレフォン（本文参照）
14：00－20：00	フィンランドの内側と外側・バーチャルリアル作品（ファミリー向け、若者向け）
14：00－20：00	ワークショップ：オリジナル・仮面を作ろう
14：00－20：00	キアスマ現代美術館アートワークショップ：奇妙な公園
14：00－20：00	マジック・カーペット（本文参照）
15：00－19：00	ヘルシンキ市立博物館「おめでとう、オーディ」
15：00	詩人マーサ・シラーノ「自動修正の詩」
17：00	一緒に楽しんで：ミュージカル・パフォーマンス
17：30	ダンス公演「森への頌歌」
18：00	詩人アーサー・ウィリアム・エドガー・オショーネシー「頌歌」
18：30	一緒に楽しんで：ミュージカル・パフォーマンス
３階	
13：00	ヘルメット文学賞発表
14：00－20：00	多言語図書館：世界旅行展
14：00	ドナルド・ダック漫画家カリ・コルホネン（ファミリー・若者向け）
14：00	詩人・作家ヤリ・テルヴォ・トークイベント
14：30	詩人 V.A. コスケンニエミ「頌歌　アルビウスへ」
14：30	批評のステージ
14：35	詩人ジョン・キーツ「頌歌」
14：45	詩人イェンニ・ハウキオ
15：30	詩人・翻訳者ポリーナ・コピロヴァ（サンクトペテルブルグ出身）、詩人ゾイラ・フォルス（ペルー出身）
16：30	児童文学作家シニッカ・ノポラとティーナ・ノポラ
16：30	ノンフィクション作家・ミュージシャンペトリ・レッパネンとコーヒー会社経営者ラリ・サロマーによるトークイベント
16：45	サラ・ヴィルヤ 一人芝居「スペシャル・スノーフレーク」（英語上演）
17：00	一緒に楽しんで：ミュージカル・パフォーマンス

17：30	詩人が出会う：アウリッキ・オクサネンとスシヌッケ・コソラ
17：30	作家アーニャ・スネルマン自作『すべての願いの村』を語る
18：00－19：00	ダンス公演「森への頌歌」
18：30	作家メレテ・マッツァレラと作家ペーター・サンドストロムへのインタビュー
19：00	ユハ・イトコネン・シルパ・カフコネン・トークイベント（オタヴァ社）

2018年12月6日　イベント	
1階	
10：00－17：00	「童謡広場」でインストラクターと一緒にアートを作って遊ぼう（ファミリー向け）
10：30	リズムジャム・セッション：クラッカーと紙吹雪（ファミリー向け、公演はスウェーデン語）
11：15	飢餓劇場公演 アレクシス・キヴィ「婚約」
12：00	「尊敬される市民になるためにあなたの方法で歌おう」（本文参照）
12：45	「童謡広場」音楽セッション
13：15	リズムジャム・セッション：クラッカーと紙吹雪（ファミリー向け、公演はスウェーデン語）
13：30	タピール劇場：ロイソーネル - ポエトリー・ショー（公演はスウェーデン語）
14：15	「童謡広場」音楽セッション
14：45	タピール劇場：ロイソーネル - ポエトリー・ショー（公演はスウェーデン語）
15：00	ヘルメット四重奏団
15：45	エスコ・ヴェプサとスラング合唱隊のライブ（ファミリー向け）
16：30	即興タンゴダンス・図書館ツアー

２階	
10：00	ナイチンゲール・テレフォン
10：00	『ヘルシンギン・サノマット』子ども向けニュース（ファミリー向け）
10：00	フィンランドの内側と外側・バーチャルリアル作品
10：15	マジック・カーペット
11：00	キアスマ現代美術館アートワークショップ：奇妙な公園（ファミリー向け）
３階	
10：00－18：00	多言語図書館：世界旅行展
10：00－18：00	図書館 AI ロボット・タトゥとパトゥ、ハッカライネンさん、リスト・ラッパーヤが子どもたちにご挨拶（ファミリー向け）
10：15	「童謡広場」赤ちゃんのためのプログラム「いないいないばぁ」（ファミリー向け）
10：30	作者カイサ・ハッポネンが語る「クマのムー」（ファミリー向け）
10：45	クリスティーナ・ロウヒ：『トンパとケルットゥ本の虫』（タンミ社）
11：00	フィンランディア・ジュニア文学賞（若者向け）
11：00	おとぎ話ヨガ（ファミリー向け）
11：30－	ダンス公演「森への頌歌」
12：00	お話と音楽：ハマリンカイネンのパフォーマンスを聴く。
12：00	カイサ・ハッポネンとカッリ・'ペイルフェイス'・ミエッティネン 詩集『レヴィ・セ』（WSOY 社）
12：30	ダンス公演「森への頌歌」
13：00	J・K・ローリングシリーズ『幻の生き物：グリンデルバルドの犯罪』（タンミ社）（ファミリー向け）
13：00	ハマリンカイネンになろう（ファミリー向け）
14：00	お話と音楽：ハマリンカイネンのパフォーマンスを聴く（ファミリー向け）

14：00	児童文学作家アイノ・ハヴカイネンとサミ・トイヴォネンへのインタビュー（オタヴァ社）（ファミリー向け）
15：00	ポエム・バトル
15：30	朗読ミイナ・スピネンと「シェフ・クラブ・シリーズ」（WSOY 社）
15：30	ヘルメット・ピエロ　パシ・アンシ（ファミリー向け）
16：00	おとぎ話ヨガ（ファミリー向け）
16：00	作家・演劇芸術家シリ・コル（オタヴァ社）
16：15	「童謡広場」赤ちゃんのためのプログラム「いないいないばぁ」（ファミリー向け）
17：00	ジャーナリスト・プロデューサー・脚本家イェンニ・パースキュサーリ（オタヴァ社）

column

フィンランドの人気児童文学作家

　フィンランドの公共図書館は作家との関係をとても大切にしている。ここでは、オーディ図書館のオープニングイベントにかかわった児童文学者をご紹介しておこう。オーディ図書館の本の自動運搬ロボットの愛称にも選ばれた「タトゥ」と「パトゥ」と「ヴェーラ」は、アイノ・ハヴカイネン（Aino Havukainen, 1968〜）とサミ・トイヴォネン（Sami Toivonen, 1971〜）の絵本シリーズに登場する主人公である。シニッカ・ノポラ（Sinikka Nopola, 1953〜）とティーナ・ノポラ（Tiina Nopola, 1955〜）は「リストとゆかいなラウハおばさん」シリーズで知られる。

　絵本作家マウリ・クンナス（Mauri Kunnas, 1950〜）はヤギの「ハッカライネンさん」が主人公の絵本が子どもたちにとても人気がある。作家・イラストレーターのクリスティーナ・ロウヒ（Kristiina Louhi, 1950〜）による「アイノちゃん」と「トンパくん」シリーズも、さし絵の美しさで定評がある。

フィンランド大統領とヘルシンキ市長の挨拶、さらにはフィンランドで発表されたフィクション・ノンフィクション作品の受賞者によるスピーチもあった。フィンランド国会議事堂からの挨拶では、オーディ図書館の西側に対峙する議事堂内の照明を点滅させることで挨拶とお祝いのメッセージが送られていた。

それに続いて、第一二代フィンランド大統領のサウリ・ニーニスト（Sauli Niinistö）とヘルシンキ市長のヤン・ヴァパーヴオリ（Jan Vapaavuori）の挨拶があった。大統領のスピーチでは、「二一世紀という新しい時代だからこそ民主主義、文学が重要であり、さらにはこのオーディのような施設がヘルシンキ市の中心にあることの大切さ」について述べられていた。また、夕方に開催された先の受賞者によるスピーチではフィンランドの社会問題について述べられており、社会における共通の関心事を民主主義を基礎に議論することの大切さを参加者に感じさせるものとなっていた。

さらにアウトサイドステージでは、オーケストラの中継があったり、子どもたちが音楽に合わせてダンスをしたりと、単なる伝統的

フィンランド首相からの祝辞の様子

子どもの音楽イベント

な図書館ではなく、芸術的かつ文化的な存在であることが表現されていた。

二階に目を転じると、世界各地の言語に触れられる「マジックカーペット」がイベントのために設置され、移民を含む市内に住むあらゆる地域の子どもたちが母語あるいはフィンランド語で童話を聴いたりしていた。また、世界各地の言語でさまざまなメッセージを聞くことができる「ナイチンゲールテレフォン」では、子どもたちが多くの言語に親しんでいた。世界中から人々が集まるフィンランドの国際都市ヘルシンキ、そして国籍を問わずあらゆる人々を対象にしたサービスを提供しているヘルシンキ市図書館の理念が、この二つのイベントからも感じられる。

二日目は、一階の開放型ステージで「尊敬される市民になるためにあなたの方法で歌おう（Laulaen Kunnon Kansalaiseksi）」というイベントが開催された。フィンランドの伝統的な歌や過去に流行していた歌を、伴奏ととも

遊びながら多言語で物語を聞くことができるマジックカーペット

ナイチンゲールテレフォン

にみんなで歌うというものである。

曲目は、フィンランドのクラシック音楽、小学校などでよく歌われる童謡、フィンランド国民であれば誰もが知っているような各時代を彩る歌謡曲などであった。歌謡曲の歌詞には、当時の世相が色濃く反映されているものもある。たとえば、一九七〇年代に流行した歌謡曲である「KENEN JOUKOISSA SEISOT?（革命の歌）」などは、隣国との緊張関係を背景とした歌詞となっており、フィンランドの歴史を語るうえで避けて通ることのできない反戦歌である。

三階の「ブックヘブン」では、グランドオープンの両日を通して、著名な作家を招いてのトークイベントや絵本を題材にした子どもたちによるパフォーマンスなど、文学を基礎にしたイベントが数多く行われていた。

たとえば、子どもたちによるパフォーマンスでは、フィンランド語のアルファベットごとにストーリーが展開

子どもたちによるパフォーマンス

当日に配られた歌詞カード

する絵本をみんなで朗読し、各ページのアルファベットの形をそれぞれが思い思いに全身で表現するというものである（前ページの写真参照）。子どもたちが「ブックヘブン」において文学の世界を自由に表現し、世代を超えた人々が観て賞賛する。このような体験を通してフィンランドの子どもたちは、小さいころから文学に親しみながらその世界に入り込んでいく想像力を身につけるとともに、「表現の自由」を自然に学んでいくのだろう。本を愛する国の「ブックヘブン」には、ただの読書を超えた世界が存在している。

ごく一部の紹介ではあるが、これらを見るだけでも、オーディ図書館のグランドオープンにおけるイベントには、ヘルシンキ市図書館の理念が反映されていることが分かるだろう。

6 オーディ図書館が建設された背景

オーディ図書館が建設された理由は主に三つある。第一は、ヘルシンキの中心部には開館一二〇年を迎えた「トーロ図書館（Töölön kirjasto）」、「カッリオ図書館（Kallion kirjasto）」（第4章参照）、そして「ライブラリー・テン」がすでにあったが、市民や観光客などからの増加するニーズに対して物理的にこたえることができなくなっていたためである。とくに、二〇〇五年四月に開館した「ライブラリー・テン」は、ヘルシンキ中央駅のすぐ西にある中央郵便局の二階（八〇〇平方メートル）という、図書館のために造られていない建物に設置されていた。

　これまで「ライブラリー・テン」において新しい図書館サービスを試験的に提供してきたが、狭いスペースであるにもかかわらず一日の利用者が約二〇〇〇人に上り、日によっては二五〇〇人を超えることもあった。そのため、既にキャパシティーを大きく超えた「ライブラリー・テン」を基礎にして、新しいサービスを創造し続けていくことは困難になっていた。しかし、こうして新しい図書館コンセンプトへの市民からの強いニーズが顕在化したことが根拠となり、ヘルシンキ市の中心部における新しい図書館建設プロジェクトが推進されることになったのである。

　第二の理由は、地域の安全・安心のためである。フィンランドは比較的治安がよいことで知られているが、ヘルシンキ中央駅の周辺、とくにオーディ図書館が建てられたエリアは薄暗く、中央駅の反対側に位置する繁華街に比べると人通りも少なかった。そのエリアに新しい図書館を建設して公共の場を提供することでその地域が明るくなり、新たな動線が創出され、地域の安全と安心を向上させることが目指された。

　実際、オーディ図書館の入り口[4]は四か所あり（前述参照）、多方向にアクセスしやすくなっている。また、毎日早朝から夜遅くまで開館することで、とくに秋から冬にかけて日照時間が短く、暗いヘルシンキ市においては、地域の安全・安心に貢献することになる。またそれは、身体面における安全だけではない。どのような状況でもあらゆる人々を常に受け入れてくれるという、市民の精神面における安心にもつながっている。

第三には、市民が自ら文化を創造し、発信していくためである。改正されたフィンランドの新しい図書館法（一六ページを参照）にもあるように、図書館という場所と空間を基礎にして文化を醸成していくことが社会的にも重要になってきている。文化の豊かさが国民の豊かさの総体であるとするならば、新しい生き方が求められる二一世紀の社会においては、多様化する市民がそれぞれの関心によって文化的な活動を行うために、新しい知的かつ芸術的な公共空間が求められることになる。まさにオーディ図書館は、それを具現化していると言える。

先に挙げた「ライブラリー・テン」での経験などを通して感じ取られていた市民のニーズは、グランドオープンのイベントに並ぶ長蛇の列として、より明確に顕在化

開館当日の途切れることのない長蛇の列

することになった。人口約六〇万人のヘルシンキ市にもかかわらず、写真に見るように、何時間にもわたって長蛇の列が途絶えることがなかった。オーディ図書館は、多様化する市民のニーズにこたえるべく、まさにフィンランドの「セントラル」に形成されたのである。

「ヘルシンキ市の中心地で、最後に残されたもっとも価値が高く、もっとも人々の目につく公共の場が図書館に与えられることになったんです。本当にこれは、フィンランド建国一〇〇年の市民へのプレゼントと言えます」

このように述べるオーディ図書館の館長の言葉からも、国とヘルシンキ市が公共図書館を社会における重要な機関として位置づけていることが分かる。

7　セントラルライブラリーの構想

ヘルシンキ市の「セントラルライブラリー構想」は、一九九八年に文化庁長官（当時）のクラ

（4）「オーディ図書館」の開館時間は、平日は午前八時から夜一〇時まで、土曜日・日曜日は午前一〇時から二〇時となっている。

ース・アンダーソン（Claes Andersson）氏が、国会議事堂の別館が建っているところに新館の建設を示唆したことにはじまる。その後、最初の素案が二〇〇〇年に作成され、セントラルライブラリー構想はこれまで断続的に見直されてきた。この構想が本格的に具体化したのは二〇〇七年である。同年、当時のヘルシンキ市長ユッシ・パユネン（Jussi Pajunen）氏が、セントラルライブラリー構想の策定に向けたレビュープロセスを立ち上げた。このレビューは、外部のコンサルタントによる協力のもと二〇〇八年に完成している。そのなかで、このプロジェクトの最終的なビジョンとゴールが二〇一七年の「フィンランド建国一〇〇年」に向けて設定されたのである。

二〇一一年には、正式に新しいセントラルライブラリーを建設するプロジェクトが市議会によって承認され、そこから新しい図書館建築に関するコンペティションがはじまることになった。そして、五四四件にも上るデザイン案の応募のなかから六件に絞り込まれたのち、最終的には「ALA Architects 社」というフィンランドの設計事務所(5)のデザイン「カーンノス（Käännös）」が選ばれ、ヘルシンキ市によって二〇一五年一月二八日に承認されている。この時点で最初の構想が打ち出されてから、およそ二〇年弱もの歳月がすでに経過していることになる。

この構想のなかで非常に重要なプロセスとなったのが、「夢の図書館（Unelmoi kirjasto）プロジェクト」である。これは、二〇一一年に図書館のデザインに関するコンペティションがはじまったときに、ヘルシンキ市図書館の当時の館長であるトゥーラ・ハーヴィスト（Tuula

表２－１　オーディ図書館開館までの年表（1998年～2019年）

年	構想から計画まで（1998年～2015年）
1998	文化大臣（Minister of Culture）のクラース・アンダーソン（Claes Andersson）が、新しい図書館をヘルシンキ市の中心部に建設する意見を表明。
1998～2010	様々な調査などによって、新しい図書館の可能性が模索。2007年には、ヘルシンキ市長ユッシ・パユネン氏がセントラルライブラリー構想の策定に向けたレビュープロセスを本格的に立ち上げる。
2010	４月29日にドラフト版の計画書が完成。６月９日に公開。
2011	10月19日にヘルシンキ市長によりセントラルライブラリーの建築コンペティションに関するプロジェクトの実施が決定。「夢の図書館プロジェクト」の実施。
2012	（第１次審査）国際的な公募による図書館建築コンペティションの実施。１月５日から４月16日までの間に544件の応募。 （第２次審査）六つの最終候補者の選定と提案内容の展示（３月23日から４月５日まで）。
2013	６月14日、新図書館のデザインがALA Architects社の「カーンノス（Käännös）」に決定。
2014	横断的なデザインチームによる最終的な建築計画の立案。
2015	１月28日にヘルシンキ市によって建設計画が承認。
	計画の具現化（2015年～2018年）
2015	建設が９月１日から開始され、2016年まで基礎工事の実施。
2016	基礎工事が終了し、11月からその他の工事が開始。
2017	鉄鋼の柱や梁による枠組み、空調工事、電気工事、内装工事などの実施。
2018	建物が完成（５月）。 第16回国際建築博覧会のフィンランド展において、マインドビルディングの展示を実施。図書館内に什器などの設置。 ヘルシンキ市関係者への建物の引き渡し（11月）。 オーディ図書館開館（12月５日）。 フィンランドの独立記念日（12月６日）。
2019	映画館とグランドオープン時に建設中であったオーディ図書館の外壁が完成。 館内のすべての設備の導入と設定が完了。

出典：Oodi Central Library: Project Timeline（Helsinki, 2018）とインタビュー結果を基礎に筆者が作成。

Haavisto）氏の号令のもと、市民に対してどのような夢の図書館があったらよいかを尋ねようとするものであった。そして、図書館職員たちは、ヘルシンキ市にゆかりのあるあらゆる人々にとっての「夢の図書館」のアイデアを、「夢の木（Unelmien puu）」というイベントを通して徹底的に集めたのである。

　翌二〇一二年には、市民から約二三〇〇件もの「夢」が集まり、最終的には以下の八つに集約された。

❶静寂がありリラックスできる空間
❷文化的かつ創造的な活動ができる空間
❸情報技術とデジタル環境
❹仕事をするための空間
❺相互学習と共有のための空間
❻充実したコレクションとコンテンツのある環境
❼家族あるいは世代を超えた人々が一日中過ごし対話のできる空間

「ライブラリー・テン」の前に設置された夢の木（出典：Helmet-kirjasto Flickr）

夢の木（出典：Multicoloured dreams（2012）UNEL-MOI WORKSHOP）

❽すべての人々に開かれた公的な（非商業的な）ミーティングプレイス(6)

これらの「市民の夢」を基礎にしてつくり上げたのがオーディ図書館である。たとえば、二階にあるキッチンは当初の構想にはなかった機能で、市民の声をまさに反映させたものとなっている。また、試験的にはじめた「ライブラリー・テン」を市民とつくり上げてきた経験がオーディ図書館の二階にも活かされている。二階で大規模に展開されているメーカースペースなどは、一度「ライブラリー・テン」を利用したことのある人であれば、すぐにその面影に気付くことだろう。

このように市民を巻き込んで自治体における計画を策定する手法は「市民参加型予算（Participatory Budgeting）」と呼ばれるもので、一九八〇年代後半から国際的に導入されているプロジェクト推進の手法である。この手法は、対象となるプロジェクトの期間を通して市民の意

(5)「ALA Architects 社」（二〇〇五年設立）は、フィンランドのヘルシンキ市を中心に大規模な公共施設を主に手がけている設計事務所である。同社のデザインが採用された建物は、ヘルシンキ空港や劇場、ヘルシンキ市を走る地下鉄の駅にまで及んでおり、すでにヘルシンキ市民にとって馴染み深いデザインとなっている。

(6) 出典：Library Concepts to Competition Winners (Helsinki, 2018) とトゥーラ・ハーヴィスト氏へのインタビューを基礎に筆者が作成。

見に耳を傾け、市民との継続的な討議を通して施策と予算をつくり上げていくものである。そのため、市民の積極的な参加が大前提となり、自治体がこの手法を導入しようとしても、市民にその意思やそれを支える文化がないとなかなか成功しない。

ヘルシンキ市の場合、「夢の図書館プロジェクト」に約二三〇〇件もの夢が集まり、このプロジェクトが成功裏に終わっている。このことを鑑みると、市民の声を基礎にプロジェクトを導いていった図書館職員の姿勢はもちろんのこと、「民主主義」と「討議」が根付き、市民が市政に積極的にかかわっていこうとするフィンランドの文化がこの新しい図書館を創造したと言えるだろう。

最後に、このプロジェクトを支えた予算の面について言及しておきたい。二〇一五年一月二八日、ヘルシンキ市は、市民を巻き込んだ「ヘルシンキ・セントラルライブラリー構想」とその建設計画に対して、六八〇〇万ユーロ（約八三・六億円・一ユーロ＝一二三円で計算。二〇一九年五月二四日現在）の予算を与えることを承認した。さらに同時期、国からも三〇〇〇万ユーロ（約三七・八億円）の予算が与えられ、総額は九八〇〇万ユーロ（約一二三・三億円）までに上る。この予算の規模からも、オーディ図書館はフィンランドとしても次代の文化を創造していくフラッグシップと位置づけられ、建国一〇〇年という国を挙げてのプロジェクトの一つになっていることが分かる。

8　オーディ図書館を支えるフローティングコレクションとオーガニゼーション

ヘルシンキ市図書館のサービス・ディレクターであるカトリ・ヴァンティネン氏（六七ページ前掲）によれば、オーディ図書館の開館にあわせた人員補充は基本的に行っていないということであった。つまり、これまでのヘルシンキ市公共図書館の人員数からオーディ図書館で必要とされる約五〇名を捻出し、それによって人員が減少した他館も含めて、ヘルシンキ市の公共図書館全体をマネジメントする必要があるということだ。図書館は、その理念と非営利組織という特性から、自ら収益を上げることは難しい。オーディ図書館の開館にともなう経営上の舵取りがいかに難しいか、容易に想像することができるだろう。

この状況を解決するために館長は、最近図書館界で検討されつつある「フローティングコレクション」(7)の概念を組織に応用し、「フローティングオーガニゼーション」を構築することにした。これは、これまでの中央館や分館といった物理的な図書館に基づいた組織形態をやめ、役割や機能を基礎としたチーム単位の組織に移行し、一人の図書館職員が複数館を担当するというシステムである。つまり、職員は、これまで以上に役割や機能に基づいて専門分化され、従来まで所属していた中央館や分館にとらわれずに、その地域や利用者のときどきの状況に応じてそこに出向き、必要とされるサービスを提供することになる。これを館長は、フローティングコレクションの概念と対比させながら「フローティングオーガニゼーション」と呼んだ。

その背景には、ヘルシンキ市がすでにフローティングコレクションを導入していることがある。フローティングコレクションを導入したことによって、本は返却された先の図書館に配架されることになり、拡大する相互貸借の運用コストを下げることに成功している。

フローティングコレクションの影響はこれだけではない。このシステムによって、どの分館にどのようなコレクションが所蔵されているかの意味が薄れていくことになった。これまで各館に所属する図書館職員は、各分館の周辺に住む利用者との関係性を築きつつ、彼らにあった地域のコレクションを構築しようとしてきた。しかし、二一世紀に入ってからは、地域における人口流動性の高まりや市民生活の変化、さらには情報技術と配送システムの発達によって地域分館とコレクションの関係性が希薄なものとなっていた。そこにフローティングコレクションが導入されたことで、結果的にフローティングオーガニゼーションの導入へとつながっていったわけである。すなわち、ヘルシンキ市の図書館職員たちが熱心に環境とニーズにサービスを適用させていこうとした結果、コレクションと組織の再統合が生じたと言える。

そのほかにも、大規模かつ多機能なオーディ図書館のサービスを、できるだけ少人数で運営するためにさまざまな業務が高度なレベルで自動化されている。その一つが「本の自動運搬ロボット」（写真参照）である。これらの愛称は、「タトゥ（Tatu）」、「パトゥ（Patu）」、「ヴェーラ（Veera）」となっている。これらの愛称は、二五〇件もの公募のなかから図書館職員によって選定され、フィンランドにおける人気絵本作家のアイノ・ハヴカイネン（Aino Havukainen）とサミ・トイヴォネン（Sami Toivonen）の作品に登場する名前が最終的に採用された。

さらに、筆者が訪問した際には、フローティングコレクションとフローティングオーガニゼーションをより円滑にマネジメントするために、人工知能のシステムを活用して複数の図書館が所蔵するコレクション

本の自動運搬ロボット（出典：オーディ図書館ウェブサイトトップページ）

（7）　フローティングコレクション（Floating Collection[s]）とは、コレクションと図書館の物理的な建物を切り離してコレクションをマネジメントする手法である。たとえば、利用者が近くの分館で他の館にリクエストをして借りた場合、通常は返却時にその資料はその分館から元の館に輸送され配架されることになる。しかし、フローティングコレクションでは、配架されていた館に戻さずに貸し出された分館にそのまま配架される。つまり、各資料は定まった配架位置をもたないことになる。これにより、返却された資料を戻すための輸送費とそれにかかわる人件費が節約される。また、理論的には、コレクションが利用者のニーズや行動パターンに基づいて動くために、市民のニーズにもより適合した状態でコレクションが地域の図書館システムに配架されることになる。

を適正に配分したうえで図書館職員に提案するといったサービスの検討がなされていた。同様に、人工知能の技術を基礎にしたサービスとして、スマートフォンのアプリケーションを活用した利用者への図書推薦システムがバーチャルアシスタントとしてすでに開発されている。

このようにオーディ図書館では、限られた人員で図書館のパブリックサービスを充実させるためにバックエンドのオペレーションを可能なかぎり自動化し、きわめて効率的な組織経営とシステムが実現されている。

図書推薦システムの画面（出典：Headai（2018）Customer Story: Oodi）

9 フィンランドの象徴としての「夢の図書館」

ヘルシンキの街に来て最初に驚いたことは、街中にあるデジタルサイネージ（電子看板）に、動画広告「Oodi. Not just a library. Your interface to everything.」が流れていたことである。このキャッチコピーの意味は、「オーディ。ただの図書館ではない。すべてにつながるあなたのインターフェースだ」であり、バス停、駅の構内、繁華街といった至る所にこの動画広告が掲げられていた。オーディ図書館にかける自治体の強い信念が、このようなところにも表れているように感じられた。そして、「すべてにつながるあなたのインターフェース」という標語のとおり、フィンランド公共図書館はすでに国民生活の奥深くにまで入り込んでおり、実際に北欧の公共図書館のなかでも群を抜いたサービスと実績を示してきた(8)。

デンマーク、ノルウェー、スウェーデンといった北欧諸国の公共図書館から、フィンランドの公共図書館は「北欧の長女」と呼ばれ、いつも彼らはフィンランド公共図書館をお手本にしてこれまで成長してきた。そして、世界の図書館は、図書館大国のアメリカとともに北欧の図書館をお手本にして成長してきたのである。その長女が、二〇一八年一二月、首都ヘルシンキの中央駅前に、次の時代に向けた新しいオーディ図書館を開館させた。グランドオープンに参加していたノルウェーのダイクマン図書館（オスロ）でマネージャーを務めている女性がふと漏らした言葉が、フィンランド公共図書館という存在のすべてを表しているかもしれない。

(8)　フィンランド公共図書館の概況については、一一ページ、一二ページを参照。

「最近では、ノルウェー公共図書館がフィンランドを抜かしつつあるようにも感じていたけれども、このオーディで北欧の長女は再び私たちの規範になり、さらに遠い存在になってしまったわ」

　これから先、オーディ図書館はどのように進化していくのだろうか。二一世紀における彼らのチャレンジは、おそらく二〇一七年に改正されたフィンランドの図書館法に記載されている「知識、情報、文化に対する平等なアクセスを創造し、生涯学習、活動的な市民、民主主義、言論の自由、社会的・文化的対話の醸成」を、より確実なものにしていくことになるのだろう。そのためには、これまでの伝統的な図書館の機能だけでは実現できないことも多くあり、これまで以上に多くの自治体の部署、地域の組織、市民との連携・協働を推進し、その遠心力をさらに力強いものにしていく必要がある。

　建国一〇〇年の記念事業として建設されたオーディ図書館は、このような二一世紀の民主主義社会において、文化、芸術、市民、さらには過去から未来へとつながるあらゆる領域の歴史的な結節点としてフィンランドの夢を体現しようとしている。それはまさにフィンランドの象徴であり、市民にとっての「夢の図書館」と言える。

　常に進化を続けるヘルシンキの図書館は、これからどこに向かうのだろうか。グランドオープン時に、メーカースペースや外壁が完成していなくても構わない。なぜなら、二一世紀も市民とともに、オーディ図書館は世界に向けて静かな革命を起こし続けるからである。

第3章

すべての住民サービスを「一つの屋根の下で」——イソ・オメナ図書館

複合施設の中核となったイソ・オメナ図書館

フィンランドの都市部ではショッピングモールに公共図書館が設置されるというケースが増えている。本章で紹介するイソ・オメナ図書館（Ison Omenan kirijasto）もそうしたタイプの図書館である（イソ・オメナとは、フィンランド語で「大きなりんご」を意味する）。

出迎えてくれたのは、サービス・マネージャー（Palvelupäällikkö）のヴィッレ・サーマンさん（Ville Thurman）である。「良心的兵役拒否」[1]の役務として公共図書館を選び、その後も図書館に勤務して、現場一筋でキャリアを積み上げてきた叩き上げのライブラリアンである。

ヴィッレ・サーマンさん

ヴィッレさんが開口一番、「ここは市民サービスセンター（Ison Omenan palvelutori）と公共図書館が完全に一体化した施設です」と紹介してくれた「イソ・オメナ・サービスセンター」は、地下鉄のマティンキュラ（Matinkylä）駅に直結している巨大なイソ・オメナ・ショッピングモールの三階の奥にある。ショッピングセンターは地下鉄の開通に合わせて増床し、エスポー市のなかでも一番大きいショッピングセンターになった。イソ・オメナ・サービスセンターができたのは、ショッピングセンターの入り口からは一番奥に当たる三階の増床部分である。

1 「縦割り行政」に挑戦する新構想の複合施設

北欧では公共図書館が住民の生活圏に必ず設置されているので、図書館が行政窓口としての役割を果たしていることがよくある。たとえば、デンマークではほとんどの図書館に行政サービスコーナーがあって、免許証やパスポートの更新などができるようになっている。しかし、イソ・オメナ図書館のように、「ワンストップ」でほぼすべての行政サービスが受けられるケースはあまりない。

フィンランドでも行政機関は業務が細かく分けられているため、行政サービスを受けるために住民は複数の機関をわたり歩くことを余儀なくされている。こうした縦割り行政の弊害については、国を問わず問題になっているが、市民がよく利用し、あらゆる分野を網羅する図書館を中心としてその機能を拡張することで、イソ・オメナ・サービスセンターは市民の幅広いニーズにこたえようとしている。

（1）フィンランドには陸海空軍があり、一八歳以上のすべての男性には、約半年から一年の兵役が課せられている。良心的兵役拒否とは特定の理由で軍事任務を拒否し、これに代わって民間の役務に従事することをいう。

ここからは、イソ・オメナ・サービスセンターの多様な機能と空間をつなぐ役割を果たしている図書館を中心に、この新しい施設の様子を見ていくことにする。イソナ・オメナ・サービスセンターは、行政サービスの連携と統合を目指して二〇一六年八月にオープンした。住民サービスにかかわる複数の行政機関・社会福祉機関・文化機関が連携および協力することで、住民サービスの向上はもちろんのこと、連携にかかわっている各機関が組織としてパワーアップすることを目標とした。

実は、こうした公的機関の本格的な連携事例は、フィンランドでも初めてのことだという。イソナ・オメナ・サービスセンターが成功したらエスポー市の別の場所にも同じような行政サービスセンターを配置することも視野に入れて、試行がはじまったのがオープンの二年前（二〇一四年）であった。

住民の多様なニーズをワンフロアーに包み込む

まずは、サービスセンター全体を見ていくことにしよう。サービスセンターに壁はなく、ショッピングモールのほかの部分とゆるやかにつながっている。入り口は、図書館と市民センターの総合案内所になっている。図書館は、入り口を入って右側奥にある「成人を対象とした図書館コーナー」と左側奥にある「子どもと若者を対象とした図書館コーナー」に分かれていて、その間は住民がフレキシブルに利用できる多目的な空間となっている。

そして、図書館を取り囲むように、青少年支援サービス部門、出産・子育て支援センター、保健センター、メンタルヘルス・薬物依存症クリニック、フィンランド社会保険庁、行政サービスカウンターなどが配置されている。サービスセンター自体は、月曜から金曜の午前七時から午後九時、土曜の午前八時から午後六時、日曜の午前一一時から午後一八時まで開いており、施設ごとにサービス提供時間帯が異なるとはいえ、フィンランドの公共機関としてはかなりの長時間営業である。

これだけたくさんの施設があるわけだから、サービスセンター全体としてはかなり広い空間となっている。図書館部門は、前述したように子ども・若者向けエリアと成人を対象としたエリアとが左右のウィングに分かれているので、毎日、職員はこの二つの空間を何度となく行き来することになる。

「釣り免許証」の交付から失業保険の給付まで——行政サービスコーナー

行政サービスコーナーには、エスポー市民を対象に一般行政事務を担当する窓口と社会保険庁(Kansaneläkelaitos: KELA)エスポー支部の窓口がある。

行政サービスコーナーでは、行政サービスにかかわる総合的なガイダンスやアドバイスが受け

図3－1　イソ・オメナ・サービスセンター館内図

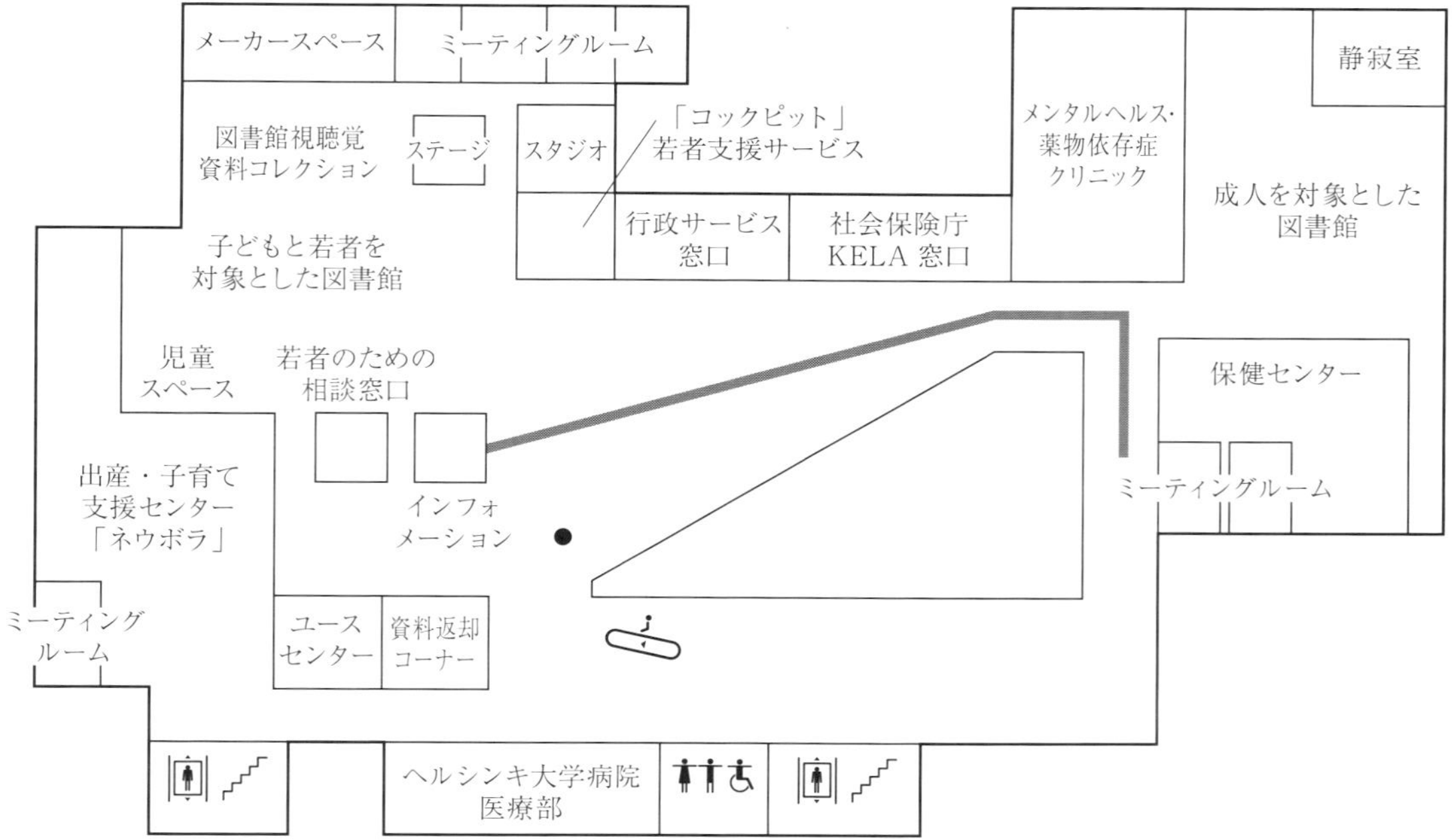

出典：イソ・オメナ・サービスセンターが作成した館内図を基礎に筆者作成。

られるほか、市立体育館の利用チケット、ヘルシンキ交通局の交通カード、六八歳以上が対象となるスポーツ施設利用カード、釣り免許証(2)などもここで入手することができる。

社会保険庁は国民健康保険制度を管轄しており、世界的に有名となったフィンランドの充実した社会福祉を支える行政機関である。社会保険庁の業務は、国民健康保険のほか、失業保険、年金、生活保護、住宅供給などにまで及んでおり、フィンランド各地に支部が設置されているが、ここにあるエスポー支部の窓口では、年金、各種の保険受給に関する手続きや社会保険に関する個人相談も受け付けている。

また、フィンランドは、出産・子育てをする親への公的支援が

(2)　エスポーの住民は、漁業免許（kalastuslupia）を持っていれば自由に釣りをすることができる。年間の料金が決まっていて、サケ網漁は一六ユーロ（約二〇八〇円）、トローリング一二ユーロ（約一五六〇円）、梁（仕掛け漁）一二ユーロなどとなっている。一八歳未満または六五歳以上は、国が定める漁業管理費が免除される。

行政サービス窓口で手続きをする住民

社会保険庁の窓口の前はラウンジになっている

格段に整っている国としても有名である。とりわけ、妊娠した母親が無料で受け取ることができる「育児パッケージ（Äitiyspakkaus）」には、子育てに必要なアイテムが五〇点以上入っている。貧困家庭の子育て支援のために一九三七年にはじまった育児パッケージの提供は、すでに八〇年を超えるサービスとなった。育児パッケージは「生まれた瞬間から平等に」という思想が形になったものであり、ここにもまたフィンランドの平等に対する強い信念が表れている。

　このサービスの詳細を知ろうと、二〇一九年七月に東京・広尾にあるフィンランド大使館を訪ねた。担当者から説明を受けることで分かったのだが、育児パッケージはフィンランドの出産・子育て支援制度（neuvola《ネウボラ》・次項参照）サービスの一部である。実物があるというので二

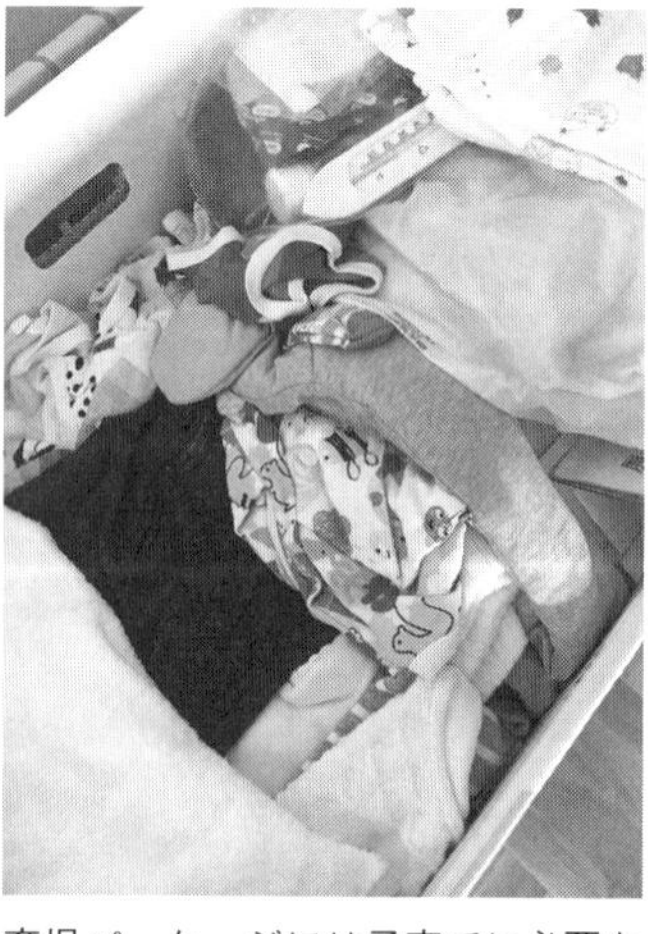

育児パッケージには子育てに必要なアイテムがぎっしりと入っている

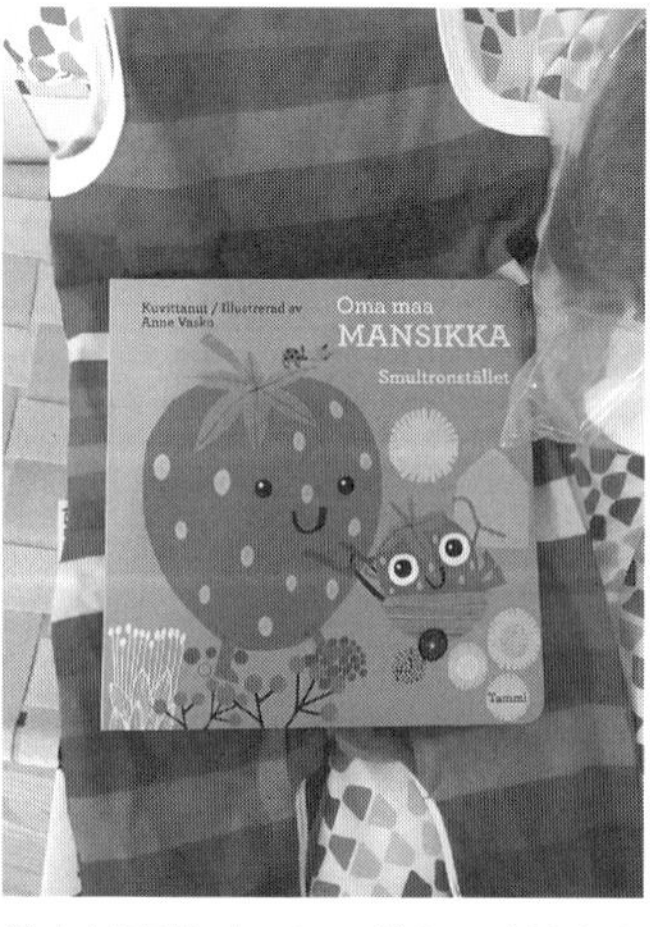

絵本は育児パッケージのアイテムの一つ

〇一九年度のセットを見せもらったのだが、驚くことに六三点ものアイテムが入っていた。(3) 日本でも東京・渋谷区などでこのサービスが導入されており、少しずつ広がりを見せている。

フィンランドが世界に誇る子育てのよろず相談所「ネウボラ」

イソ・オメナ・サービスセンターで図書館に次いで広いスペースを占めているのが、出産・子育て支援センターの「ネウボラ」である。フィンランド語で「アドバイスの場」という意味をもつネウボラは、フィンランドに住む人なら誰でも知っている子育てのための重要な拠点であり、全国に約八五〇か所ある。

ネウボラは妊娠から出産、育児まで包括的に子育てをサポートする場所となっており、子どもを含めて家族全体の健康をネウボラが中心となって見守る仕組みができあがっている。つまり、妊娠期から子どもが小学校に入学するまで、切れ目なく「ネウボラ」に通うことによって、保健師、助産師から定期的にアドバイスが得られるのだ。

「ネウボラ」については、フィンランド大使館のウェブサイトで詳しく説明されている。フィン

(3) 社会保険庁のウェブサイト（https://www.kela.fi/aitiyspakkaus）から育児パッケージに含まれているすべてのアイテムを紹介する動画を閲覧することができるので、興味のある方はご覧いただきたい。

ランド独自のシステムが子どもの虐待や夫婦間におけるDVの予防的な役割を担っていることや、日本への「ネウボラ」の導入例などについても言及されている(4)。

イソ・オメナ・サービスセンターのネウボラコーナーには、二〇室の診察室以外に育児相談コーナーがある。興味深いのは、待合室が子どもと若者を対象とした図書館スペースにすっぽり入った形になっていることである。検診の順番を待つ間を図書館で過ごすことができるので利用者からすればかなり助かるし、図書館側にとっても、「ネウボラ」への訪問をきっかけに子どもをもつ地域住民が図書館に関心をもってくれるよいチャンスとなっている。

サービスセンターにはヘルシンキ大学医学部の診療部があり、診療や各種の検診を行っている。また、「ネウボラ」と逆側のスペースには、各地区の病院と連携して診療を行っている保健センターもある。つまり、ここにさえ来れば知的な欲求を満たすことができ、さまざまな行政手続きを行うことも可能であり、さらに健康面に関する相談までできるということだ。

成人を対象とした図書館の奥にある「薬物依存症専門クリニック」では、無料で患者からの相談を受け付けている。とくに、一三歳から二二歳の若年層については、予約なしでカウンセリングを常時行っているという。こうしたクリニックが新たな行政センターに設置されたということ自体、薬物依存がフィンランドにおいて社会的な問題となっていることを示している。公共空間にこのようなクリニックを設置していることからも、行政がこうした課題に真正面から向き合っていることが分かる。

社会から取り残されている若者の居場所をつくる——若者支援スペース

「コックピット（Ohjaamotalo）」は、社会から疎外されている若者の社会参画を目標にしてフィンランド全土に設置された若者支援スペースである。「欧州社会基金」[5]から補助金を得て、二〇一四年から二〇二〇年までの時限プロジェクトとして発足している。

　難民、ドロップアウト、貧困などといったさまざまな理由で社会から取り残される可能性が高い若者を「ワンストップ」で支援するために、プロジェクトは省庁を横断する形で取り組まれている。現時点では、労働・経済産業省（Työ- ja elinkeinoministeriö）、教育文化省（Opetus- ja kulttuuriministeriö）、社会保健省（Sosiaali- ja terveysministeriö）がこのプロジェクトにかかわっている。

（4）フィンランド大使館ウェブサイト「フィンランドの子育て支援」に詳しい情報が掲載されている。

（5）EU加盟地域内における失業など、社会問題を克服するため基金。

メンタルヘルス・薬物依存症クリニックのカウンセリングルーム

コックピットは、生活に困難を抱えた若者の「駆け込み寺」である。コックピットにたどり着いた若者が、問題解決に向けて次の一歩を踏み出せるようにサポートするため、ここにも専門家が常時待機している。

　イソ・オメナ・サービスセンターに置かれたコックピットでは、一六歳から三〇歳までの若者が「スタートポイント（Starttipiste）」と呼ばれるサービスコーナーで、学業のこと、就業のこと、住居や健康、社会保障など日常生活にかかわる悩みについて専門家に相談している。予約は不要ということで、誰もがふらっと立ち寄れるようになっている。このコーナーは、あらゆる情報を一元的に扱うことが得意な図書館の管轄となっており、まさに「図書館の多様性と多機能性」を社会において体現するものと言えるだろう。

　イソ・オメナ・サービスセンターには、コクピット以外にもあと二つ若者支援のための空間があった。一つは「若

若者の就業を支援する「コックピット」

者のための相談窓口（nuorisopalvelut）」で、一三歳から二九歳までの若者が個人カウンセリングを受けるためのコーナーとなっている。もう一つは、若者が自由気ままに居られる「たまり場」としてつくられた「ユースセンター（nuorisotila）」である。センターを訪れた若者からの相談にいつでも応じられるよう、ここにもまた専門家が常駐している。

2　多様な機関を接続する公共図書館

図書館の開館時間は午前八時から午後九時（平日）までとなっており、土曜日は一〇時半から一八時まで、日曜日は二時から一八時までオープンしている。原則として北欧の図書館はあまり夜間の開館は行っていないが、近年増えているショッピングモールの中に設置された図書館は、開館時間の長さをアピールポイントとしているところが多い。イソ・オメナ図書館も、そうしたタイプの図書館と言える。

図書館では、書籍や雑誌をはじめとして、音楽、映画、オーディオブックなどの視聴覚資料、ボードゲームや玩具、コンピュータゲーム、さらに工具類まで借りることができる。まずは、工具を借りて作業を行う「メーカースペース」から紹介していきたい。

圧巻の創作スペース——モノづくりをせずにはいられない⁈

　今回の訪問において視察した中規模の図書館は、どこもメーカースペースのコーナーに熱心に取り組んでいたが、イソ・オメナ図書館のそれは、日本の感覚で言えばとても図書館の設備と言えないほど本格的な創作スペースとなっていた。そこはガラスで仕切られた広々とした空間となっており、オーディ図書館（六九ページ参照）と同じように高性能コンピュータ、スキャナー、レーザープリンター、３Ｄプリンター、ミシンなどの機器が並んでいる。利用者はそこでプラスティック製の小物をつくったり、オリジナルのＴシャツをデザインしたりと、自由に各利用者が制作に取り組んでいる。

　このコーナーでの制作活動は原則として個人で行うが、専門知識をもった職員がいるので機器の使い方などについては丁寧に教えてもらうことができる。個人で購入するのが難しい機器や高額なソフトウェアを、ここでは思う存分に活用することができる。

　メーカースペースの一番奥には、同時に五人ぐらいが作業でき

子どもたちをサポートする職員

成人を対象とした図書館のカウンター

るだけの工房がある。壁際にはロッカーがずらりと並んでいるが、その中にはぎっしりと工具類が収納されていた。大型ドリルや金属加工用カッターなど、本格的な大工仕事が行える道具が揃っているため、安全性を配慮して子どもは保護者と一緒でないと入室できないようになっている。フィンランドでは物品貸出を行っている公共図書館が多いが、これらの道具も図書館資料と同じように利用者に貸し出されている。

メーカースペースでは、危険物の制作や販売を目的とした物品の創作などは禁止されているが、それ以外に決まり事はなく、自由に創作活動を楽しむことができる。

本格的な工作機械が並ぶメーカースペース内部の工房

整然と並べられて出番を待つ工具

メーカースペースに並んだ3Dプリンター

モノづくりだけでなく音づくりも図書館で

モノづくりだけでない。フィンランドでは、「音づくり」も図書館活動に含まれている。二〇〇五年に「ライブラリー・テン（Library 10）」という変わった名前の図書館がオープンして図書館界をあっと言わせたわけだが、その理由は、この図書館から音楽が「発信」されていたからだ。

イソ・オメナ図書館にも、完全防音の練習室とレコーディングスタジオがある。これらの部屋のすぐ目の前にはフレキシブルに使えるステージがあって、コンサートを開くことも可能となっている。音楽ファンが集って自由に練習ができ、発表できるという空間は、プレーヤーだけでなくギャラリーにとっても音楽を気軽に楽しめるスペースとなっている。

音楽の創作と発表が同じ場所で行えるうえに誰でもステージを無料で借りることができるので、練習室、スタジオ、ステージの予約はすぐに埋まってしまうという。

本格的な録音スタジオ

column

音楽専門図書館「ライブラリー・テン」

「ライブラリー・テン」は、ヘルシンキ中央駅前の郵便局の中に分館として設けられた音楽専門の図書館で、オープンした当時は、音楽・芸術関係の豊富な資料、館内にはスタジオが設置され、インターネットを通じて音楽を配信したことで一躍有名になった。そして、中央館となる「オーディ図書館」の開館とともにその使命を終え、2018年に閉館している。しかし、「ライブラリー・テン」が図書館界にもたらした影響は大きいと言える。現在では、図書館で音楽をつくるという行為がすっかり定着している。

「ライブラリー・テン」は郵便局とスーパーマーケットと同居していた

「ライブラリー・テン」の入り口

対話空間としての公共図書館

北欧では、図書館が住民同士の対話の場所となっている。そのため、公共図書館のスペースは政治的な議論を行う場としても積極的に活用されている。先ほどのステージでは、コンサートだけでなく討論会なども開催されるのだ。

図書館は、公共空間の原則として政治的には中立の立場を取っている。しかし、それは、「図書館で政治的な議論を避ける」ということを意味しているわけではない。むしろ北欧では、図書館の側から館内のスペースを使って政治的な議論を積極的に行うように住民に働きかけている場合が多い。特定の政党や特定の政治的な見解を取り上げるのではなく、可能なかぎり幅広く政治的な議論を行うことを大原則として、政治家や議会関係者が図書館で市民と議論するという光景は日常的なものとなっている。

3 「一つの屋根の下ですべてのサービス」をするために

図書館をひと通り見て回ったあと、サービス・マネージャーのヴィッレさんに改めて公共図書館を中核とした新しいタイプの公共複合施設の課題や将来計画について話をうかがった。インタビューのなかで印象に残ったのは、ヴィッレさんが言った次のような説明である。

「センターには複数の施設があって、いろいろなサービスを提供していますが、そうした複数の行政サービス機能を一つにつなぎとめるという役割を果たしているのが図書館です」

サービスセンターを利用している主な年齢層は二〇歳代から三〇歳代、そして六〇歳代となっており、ここに立ち寄って多くの人々がさまざまな用事をすましているが、そのなかでも利用する頻度の高い施設が図書館である。週二回以上訪問する利用者も少なくないという。

インタビューのなかで、「一つの屋根の下ですべてのサービスをするために」という言葉がヴィッレさんから何回も出てきた。この複層的な行政施設の統括責任者であるヴィッレさんにとっては、「イソ・オメナ」（大きいリンゴ）の名前のとおり、たくさんの果実が住民に、平等に行きわたるように気を配ることが仕事のかなり大きな部分を占めている。

多様な機能が集まることで、初めて浮かび上がってくるという問題もある。不特定多数の人が出入りする施設のため、セキュリティーにはかなり気を遣っているという。職員一人ひとりがGPS機能の付いたバッヂを着用しており、何かあった場合は、総合受付のセキュリティースタッフに連絡がつくようになっている。ドラッグやアルコールの中毒患者のための薬物依存症専門クリニックが併設されていることもあり、頻繁ではないが、施設内で問題が起こることもたまにはあるそうだ。

現在、図書館が抱える課題としては、巨大なショッピングモールの最上階にある市民センターの場所が案外知られていないこと、そして開館時間が長時間となっているため、職員への負担が大きくなっていることなどをヴィッレさんは挙げていた。また、図書館がサービスセンターの右と左のスペースに分かれてしまっていることも、図書館サービスという面から見るとやりにくいとも言っている。

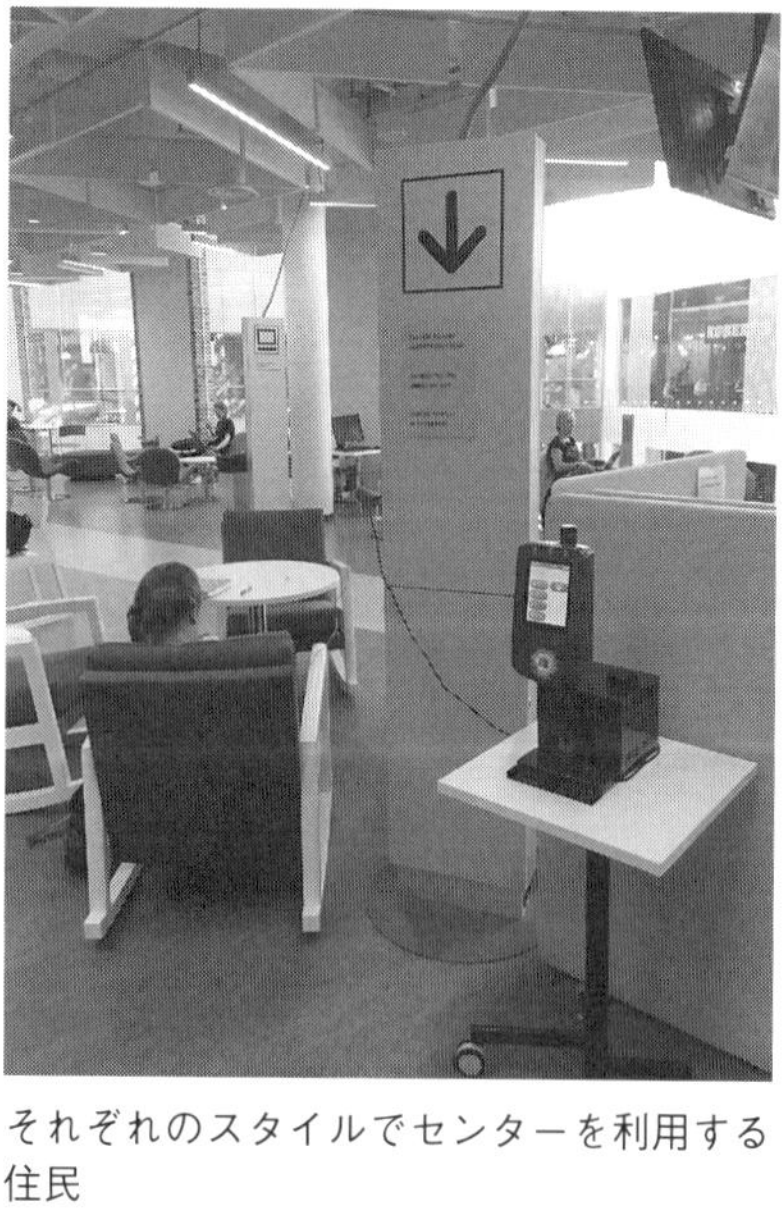
それぞれのスタイルでセンターを利用する住民

そんな状況だが、「いつも、少しずつ図書館を改善するよう取り組んでいる」とヴィッレさんは言う。事実、子どもと若者を対象とした図書館のスペースは、ちょうど私たちが訪問した数週間前に配置換えをしたばかりと言っていた。また、成人を対象とした図書館も、これまで数回にわたって配置換えを行ったとのことであった。そして、「メーカースペースへの新しい機器の補充も欠かせない」と言ったときの表情には、それまで以上の真剣さがうかがえた。

4 専門家同士の協力が市民サービスを強靭にする

さまざまな部門の専門家と一緒に働くことについてヴィッレさんは、「正直に言えば、難しいこともたくさんあります」と言っていた。ネウボラ、保健センター、メンタルヘルス・薬物依存症クリニックといった部門で働く医療関係者は専門分野の業務となっているため図書館とは組織が異なり、コミュニケーションが取りにくいという。その一方、業務が重複する市民行政センターとは仕事がしやすいし、若者支援のためのコーナーは、そもそも図書館部門が管理・運営しているので問題はまったくない。

図書館の組織内部にかぎって言えば、図書館業務にかかわらない専門職員が増えているのが実情である。たとえば、メーカースペースの職員はモノづくりのサポートがメインの仕事となっているため、新しい機器の使い方を教えたり、機器のメンテナンスをすることに専念しており、全体的な図書館サービスにはかかわっていない。

このように、イソ・オメナ・サービスセンターではたくさんの専門職が「一つの屋根の下で」働いているが、ここはフィンランドで初めての、市民のためのワンストップ型公共サービスの施設だから、日々の運営においては難題が次々と出てくるのだろう。しかし、このような難しい仕事に立ち向かっていくさまざまな場面において、新しいサービスを創造してきたフィンランド公共図書館の文化と、子どもや若者への図書館サービスに長く携わってきたヴィッレさんの現場経験が解決に導いてくれるにちがいない。

第4章

メディアも目が離せないほど元気すぎるカッリオ図書館

家族連れの利用者が多いカッリオ図書館

今、ヘルシンキっ子がもっとも住みたいと思っているエリアの一つ、それがカッリオ地区である。二〇世紀初頭に造られた低所得者用の住居が多く、家賃の安さにひかれたアーティストがたくさん移り住むようになり、現在は若者に人気のエリアとなっている。ヘルシンキ中央駅からは一キロほどでしかなく、学校や劇場、サッカー競技場などといった施設がたくさんあり、便利な場所である。

この地区のほぼ中央部に位置しているカッリオ図書館（Kallion kirjasto）を訪問したいと思ったのは、この図書館が二〇〇五年に、フィンランドで初めてＬＧＢＴの資料を集めた「レインボーシェルフ（Sateenkaarihylly）」を置いたからである。

カッリオ図書館はクラシックな建物

結論を先に述べてしまったが、この話についてはのちほど詳しく説明したい。

ヘルシンキ市民からもっとも親しまれている市場である「ハカニエミマーケット」から、この地区のランドマークとなっているカッリオ教会を目指して坂道を上っていく。教会のすぐそばにある公園の脇に、カッリオ図書館はあった。クラシックで堂々とした図書館の建物は、周囲の風景からするとかなり目立っている。街の活気を表すかのように、この図書館の利用頻度はかなり高いようだ。聞くところによると、二〇一六年の訪問者は約五〇万人、貸出点数は約六四万点、そして図書館主催のイベントは五〇〇回を超えているという。

サービス・マネージャー（Palvelupäällikkö）を務めるタイナ・ピルホネンさん（Taina Pirhonen）がインタビューに応じてくれた。インタビューの日の二日前に休暇から戻ってきたばかりのタイナさん、仕事が山積みになっているというのに、このユニークな図書館のお話を熱心に語ってくれた。

タイナ・ピルホネンさん（写真提供：本人）

タイナさんは大の日本通で、来日回数は六回を数えている。そのうちの二回は、桜の開花に合わせて来日したようで、福岡と小倉でお花見を楽しんだという。夕暮れ時に暮れゆく空に浮かび上がる桜を眺めながら友人と料理を楽しんだひとときは、タイナさんにとっては忘れられない時間だったそうで、今ではヘルシンキの桜の名所「ロイフヴォリ（Roihuvuori）公園」で友だちと一か月遅れのお花見を楽しむようになったという。

彼女いわく、サウナと温泉、森歩きとハイキング好きなところ、シンプルなデザインを好むことなど、フィンランドと日本には共通点がとてもたくさんあるので、日本に行くと安心してしまうということだった。

1 禁酒運動家の女性がつくった公共図書館

カッリオ図書館は、教師であり、社会改良運動家のアッリ・トリグ（Alli Trygg）によって一九一二年に設立された。当時のカッリオ地区は、仕事を求めてやって来る人びとによって経済成長が続くという典型的な労働者階級の町だった。そんな場所でトリグは、飲酒をはじめとする労働者の健康を損なう悪い習慣を撲滅するための活動をはじめた。

彼女がまず行ったのは、アルコール飲料を出さずに安価で食べ物を提供する、労働者のための食堂をつくることだった。つくられたこの食堂は「人びとのための家」と呼ばれ、施設には食堂だけでなく洗濯室、託児所、読書室などが設けられ、コンサート、講演会、演劇公演などに至るまで公共の集まりが開催されていた。この食堂がカッリオ公共図書館の原点となる。

その後もカッリオ地区は、フィンランド中から労働者がやって来て、一九四〇年代後半にはヨーロッパでもっとも人口密度の高い地域となった。もともと低所得者用のアパートを中心にして町が構成されているため、各住居の面積は極端に狭く、家族が暮らしていくためには決して十分ではなかった。このような環境であったため、図書館は地域住民に束の間の平和な時間とプライバシーを提供するという役割を果たした。当時、図書館が開いた「お話会」では、一〇〇人以上もの子どもが集まったこともあるという。

現在でもやはり狭い住居が多く、そこに暮らすのは若者や単身者が多いが、図書館のミッションは昔も今も変わっていない。その理由は、図書館が資料提供にとどまらず、地域に溶け込んで、住民の生活とともにあるからだ。実際、カッリオ図書館はその役割を十分果たしているように見える。図書館は地域の人が出会う場所であり、会話を交わす場所であり、一人で仕事や勉強に没頭する地域の文化拠点となっている。

2 LGBT文化に敬意を表す「レインボーシェルフ」

訪問のきっかけとなったLGBT資料を集めた「レインボーシェルフ（書架）」のことを私が知ったのは、アメリカ公共図書館で行われていたLGBTのためのサービスについて調べていたときである。毎年六月にLGBTの「プライド・マーチ」(1)が開催されているのだが、アメリカをはじめとして、このイベントに敬意を表する世界各地の公共図書館がレインボーフラッグを掲げ、LGBT文化の理解を進めるプログラムを実施している。このような活動を調べていたら、偶然、カッリオ図書館のフェイスブックが目に留まったのだ。

フィンランドでは、婚姻法の改正によって二〇一七年から同性カップルの婚姻や同性パートナーが育児休暇を取得できるようになるなど、同性カップルの権利がかなり増えた。また、LGBTに対する差別をなくすために社会全体で取り組んでもきた。なかでもカッリオ地区は、自他ともに認めるLGBTフレンドリーなところである。観光客のために作成されたパンフレット「LGBT Helsinki」には、次のように書かれてある。

「ヘルシンキには、ゲイのための特別な場所は必要ありません。なぜなら、街の中心街やカッリオ地区に至るまで、街にはゲイの集まるレストランがたくさんあります」

カッリオ図書館のウェブサイトを読むと、情報と文化への平等アクセスと表現の自由を標榜する公共図書館を象徴するコーナーとなることを意図して、「レインボーシェルフ」の棚を設置したのが二〇一五年一月であることが分かる。この新コーナーをつくるにあたって、次の三つの目標が定められた。

❶関連資料を一か所に集めることで、ＬＧＢＴ関係の資料を探し出しやすくすること。
❷社会的な差別解消のために、図書館ができる役割を示すこと。
❸文化的多様性にかかわる情報と資料を提供すること。

「レインボーシェルフ」は二階に設置されているのだが、誰もがアクセスしやすく、それでい

(1)　ＬＧＢＴ当事者を中心とした参加者がＬＧＢＴであることを誇りに思い、同性愛や多様な性的志向の価値を再確認するために行われる野外イベント。一九六九年に起きた同性愛者による抵抗事件「ストーンウォール」の暴動を記念して、毎年六月に世界中で開かれる

LGBT Helsinki のパンフレット

て目立たない三階に上る階段の真下にある。管理職の部屋で使われていたと思われるクラッシックな木製のライティングデスクを囲むようにいくつかの書架があり、ＬＧＢＴにかかわる資料が並べられている。

この棚に配架されているのは、性的マイノリティーをテーマとする小説、実用書、専門書、コミック、映画などである。また、ライティングデスクの上には、ＬＧＢＴの関連団体が作成しているパンフレットが並べられており、自由に持ち帰れるようになっている。フィンランドはＬＧＢＴに対しては寛容であるものの、差別と偏見がまったくないというわけではない。このコーナーでさまざまな関連資料を閲覧することで、ジェンダーとセクシュアリティの多様性について理解してほしいと職員は考えている。

LGBT コーナー

このコーナーには、児童書やティーン向けの資料もたくさん置かれている。児童書は、性的マイノリティーの家庭（レインボーファミリー）で育つ子どもたちを意識した選書なのだろう。フィンランドでは、代理出産や養子縁組など多様な方法で子どもをもつレンボーファミリーが増えているからだ。

また、このコーナーでは、自分の性的志向を意識しはじめた一〇代の若者が、さまざまなレベルのＬＧＢＴ資料に接することができるよう、多くの資料が提供されている。このコーナーは成長中であり、資料をより充実させるために利用者からの意見を取り入れているという。また、資料の提供以外にも、ＬＧＢＴについて考える講演会やイベントも定期的に開かれている。

「レインボーシェルフへの反応はとてもいいです。そうですね、九五パーセントの利用者から支持されているという感覚をもっています」と述べるタイナさん、「でも、ほかの地域だったらこのコーナーをつくるのは難しかったでしょうね。とくに、小さな町だと保守的な考えの人が多く、ＬＧＢＴに対して偏見をもっている人がそれなりにいますから。オープンマインドな住民が多いカッリオ地区だからできた、と考えています」という感想を述べていた。

確かに、ＬＧＢＴの人びとにとってカッリオ地区はとても住みやすそうに思える。というのも、図書館に来る

図書館前の公園のキオスクにはレインボーフラッグがはためく

道すがら、ベビーカーを押しているゲイのカップルに出会ったりしていたからだ。さらに、カッリオ図書館のすぐ隣は公園になっているのだが、そこにあるキオスクにもレインボーフラッグが掲げられていた。カッリオ図書館でレインボーシェルフがつくられたことで、実はヘルシンキ都市圏で同じコーナーが増殖中である。それも、ごく小さな町の図書館がこのコーナーを設置するようになっているという。

3 司書が読書の道案内

タイナさんはカッリオ図書館で実施されているプログラムをたくさん紹介してくれたが、ここでは、とくにユニークなものに絞って紹介したい。

図書館読書コーチ

「図書館読書コーチ（Kirjaston Lukuvalmentaja）」は、子どもだけでなく大人も対象にした読書の個人カウンセリングである。司書と一対一でコーヒーを飲みながら、利用者が読書生活についてアドバイスをもらうのだ。

このような読書相談サービス（Readers Advisory Service）は、二〇世紀初頭のアメリカ公共図書館ではとても盛んだった。利用者一人ひとりにあわせた読書カルテをつくって、司書が読書の道案内役を果たすわけだが、人件費がかかりすぎることなどの理由で下火になってしまった。しかし、当時、このサービスは利用者からはとても人気があった。一〇〇年が経って、再びこのサービスが着目されるようになっていることはとても興味深い。

もちろん、利用者の読書にかかわる質問に答えることは図書館の基本サービスとして行われてきたことだが、ここでいう読書相談は、利用者からの問いかけに対して、司書が時間をかけてかかわりながら利用者にあった読書のあり方を追求していくようなサービスを意図している。

司書と利用者の親密なコミュニケーションを土台とするサービスが、読者相談サービスを最初に開始したアメリカでも復活の兆しが見えてきたと言える。フェイスブック、ツイッター、インスタグラムなどのソーシャル・メディアの普及にともない、個人情報を部分的に開示することに慣れた人びとが多くなってきたことも関係しているだろう。オンラインで図書館職員とコンタクトを取り、読書についての相談をすることに抵抗のない利用者も多くなっている。このような状況のなかで、読者のアドバイザーとしての司書の存在感が増している。

カッリオ図書館の場合、相談があると司書がまずは相談者のニーズに合わせて読書リストを作成し、メールか郵送でそれを送る。相談者はそのリストを見たうえで本を借りたり、個別に相談時間をつくってもらい、司書から読書カウンセリングを受ける。図書館側では、移民や難民、「ディスレクシア（Dyslexia）」と呼ばれる文字認識に困難を抱える人びとなど、何らかの理由で「読み」に困難を抱えた人にとって、このサービスが読書活動のサポートになるのではないかととても期待している。

朗読を聴きながら手芸を楽しむ

冬が長い北欧では、どこの国の公共図書館でも秋から冬にかけて「編み物カフェ」を開いている。「みんなで集まって、一緒に編み棒を動かしましょう」というシンプルなプログラムを初めて知ったとき、とても北欧らしいと思ったものだが、カッリオ図書館で行われていたのは「編み物カフェ」をさらに進化させたプログラムであった。

「小説とかぎ針（Novellikoukku）」と名付けられたこのプログラムは、公共図書館で司書の朗読を聴きながら参加者が手芸をするといったものである。二四時間、デジタル機器に囲まれた生活を送っている私たちにとっては、アナログな環境でひとときを過ごすことは、もはや「最高級の贅沢」と言ってもいいだろう。メーカースペースが導入されたことで最新機器を使った制作活動が着目されているが、この「小説とかぎ針」というプログラムは、もっともシンプルにして伝統的な図書館での創作活動かもしれない。

利用者がプログラムを仕掛ける

図書館職員がプログラムを考えて、それを利用者に提供するという行為を普通とするならば、カッリオ図書館にはその「普通」がない。というのも、この図書館では利用者が積極的にプログラムの企画をもち込み、その実施にかかわっているからだ。

たとえば、利用者が図書館でのコンサートを自主的に企画して、館内でミニコンサートを開いたり、語学の得意な利用者がスペイン語講座を開いたりするといったこともこの図書館では日常的な光景となっている。だからというべきか、カッリオ図書館には図書館をサポートする組織、たとえば図書館協議会、図書館委員会、ライブラリーフレンドといったものが存在しない。

タイナさんの話を聞いていると、こうしたフォーマルな組織は、この図書館では必要ないのだろうと感じてしまう。彼女が話してくれたエピソードのすべてで、図書館の運営に対して「超積極的な住民」の姿がくっきりと浮かび上がってきたからである。

ラフな服装の職員（写真奥）と利用者（写真手前）

「なんでもあり」のカッリオ図書館では、職員もうかうかしていられない。事実、積極的な住民のスピードに合わせて、どんどん物事を進めていく積極的で超ポジティブシンキングの職員がこの図書館には揃っている。だから、私が「図書館の課題は？」と尋ねたとき、タイナさんの口から出たのは「予算が少ないこと」ではなかった。

ほとんどの図書館において、職員から最初に出てくるのは予算の問題と相場は決まっているのだが、カッリオ図書館の場合は違った。あまりにも住民と職員が前向きに図書館を動かしていくので、あっという間に「カオス状態」になってしまうこと、これが「悩みだ」と言うのだ。

利用者から提案されたプログラムをどんどん実行し、もしうまくいけば図書館の定番プログラムにする、そうしている間にまた新しいプログラムの提案がある。それを職員でなんとか収拾して、新しいプロジェクトとして軌道に乗せていく……どうやら、自転車操業的な日々が繰り返されているらしい。

また、カッリオ図書館にはホームレスやドラッグ中毒者も利用者としてよくやって来る。「図書館はすべての住民に開かれた施設だから自由に使ってもらっている」と、タイナさんは言う。図書館では、無料で食事を提供したりする場所やシェルターなどホームレスの人にとって必要となる情報の提供も行っている。さらに、明らかに精神的な不調を抱えた人も図書館にやって来るという。「そういう人たちにとっても、図書館が精神を落ち着ける場になっていることを願っている」と、タイナさんは言っていた。

このように、すべての利用者を歓迎することが基本姿勢となっているが、ほかの利用者に対する迷惑行為がある場合は退館を促したり、時には警察に来てもらって図書館から立ち退いてもらったりすることもあるようだ。利用者が多くなればなるほど生じる可能性があるリスクを最初から排除してしまっていない点に、カッリオ図書館の地元住民のサービスにかける心意気が表れている。

4　メディアも注目のカッリオ図書館

何かと話題豊富なカッリオ図書館は、メディアで取り上げられることが多いという。筆者が訪れた少し前にもこんなことがあった。

カッリオ図書館の入り口のところはちょっとした広場になっていて、いつも住民が座っておしゃべりをしている。夏の間、利用者がそのスペースで寛いで読書ができるようにと、図書館は「ファットボーイ」と呼ばれる巨大なクッションを数枚用意した。ところが、そのうちの二つがいつの間にか紛失してしまった。この事件は、フィンランドでもっとも有名な新聞『ヘルシンギン・

サノマット（Helsingin Sanomat）』にも大体的に取り上げられ、そこからＳＮＳで拡散された。

盗まれたクッションのうち一枚は図書館の近くで翌日に発見されたが、もう一つは戻ってこなかった。このようなことが住民に伝わったのだろう。その後、住民から「図書館で使ってほしい」というメッセージとともにファットボーイの寄付が二つもあったという。

「万事この調子なんです。いつも窮地に陥ると住民が助けてくれます。それがカッリオ図書館なんです」と話すタイナさんの表情はとても誇らしげであった。

もちろん、取材されるだけではない。図書館としても、情報発信やマーケティングにとても力を入れていて、フェイスブック、インスタグラム、ツイッターは利用者以外にもフォロワーが多い。他の図書館からも効果的なマーケティングについての問い合わせがあるため、図書館向けＳＮＳの研修会を開いているという。

5　館内に埋め込まれたさまざまな工夫

カッリオ図書館のカラフルな毎日の様子を聞いていたら、あっという間に二時間が過ぎていた。その後、タイナさんに館内を案内してもらえることになった。

一階はちょうどリノベーションが終わったところだという。大型のデジタルサイネージが目立つ、ゆったりとした空間になっていた。この図書館はドーム型になっていて、吹き抜けが特徴となっているのだが、リノベーションされた空間はちょうどドームの真下に当たる。普段、ここには椅子が置かれていて、フレキシブルな空間として使われている。音響のよさを生かして、コンサートを行うことも多いということだった。

アーティストを応援する図書館

吹き抜けの空間の取り囲むように座席が設置されており、周囲の壁にはアート作品が展示されていた。これはアーティストが作品を展示するためのスペースとなっていて、とても人気があるという。展示されている作品にはＱＲコードが付いているので、気に入った作品の詳細やアーティストの情報などはその場で入手できる。図書館のウェブサイトにも、展示中の作家についての情報が掲載されている。

民間のギャラリーで個展をしようと思ったら、かなり高額の賃貸料を払うことになるが、図書館では壁面を無料で貸し出している。アーティストにとっては不特定多数の人に自分の作品を見てもらうチャンスなので、とても人気があって、この壁面スペースは常に順番待ち状態となっているそうだ。

図書館スペースをアーティストに貸し出すという制度はヘルシンキでは一般的で、小さい図書館でも作品が展示されているのを見かけた。図書館は、文化を発信したいと思っているすべての人を応援する存在である。

今回のリノベーションにあたって、カッリオ図書館ではそれまであったデスクトップパソコンの半分ほどを廃棄したそうである。というのも、最近は自分のパソコンを持参してくる利用者が多く、そういう人にとっては机だけがあったほうがいいからだ。また、これをふまえて、半年前からラップトップパソコンの貸し出しもはじめている。利用者はＩＣカードを使って解錠と施錠ができるロッカーからパソコンを借り出し、使い終わったらそのロッカーに返却するようになっている。

アーティストが自作を展示する

楽器も貸し出します

フィンランドでは資料以外の物品貸出をしている図書館が多く、カッリオ図書館でも三階の音楽コーナーで楽器の貸し出しを行っている。ギター、ウクレレなどをはじめとして、フィンランドの伝統的絃楽器である「カンテレ（kantele）」もその対象となっている。

ヘルシンキと言えば、一〇年以上前に「ライブラリー・テン」という名前の音楽専門の公共図書館を造って世界の図書館界をあっと言わせている（一一五ページ参照）。前述したように、ライブラリー・テンでは館内にスタジオを設置して、利用者が創作した音楽をそこから世界に向けて発信する仕組みがあったからだ。

現在では、図書館から音楽を発信することは特別珍しいことではなく、カッリオ図書館でもアマチュアがつくったデモテープを貸し出したりしている。面白いことに、フィンランドの音楽好きの若者の間ではアナログメディアであるカセットテープが流行しているとかで、デモテープもカセットに収められていた。

読書小屋で読書三昧

三階の音楽コーナーの奥には、子どものコーナーがあった。そこには、子どもが二、三人入れるぐらいの「読書小屋」が二つある。子どもは狭いところが大好きだから、隠れ家のようなところに数人で潜んで好きな本を読んでいる。

「読書小屋」[2]の一つは、フィンランドで大人気の児童文学作家サンナ・ペリチオーニ（Sanna Pelliccioni）自らがペイントしたものだという。図書館はほんの少しだけお礼を支払ったということだが、タイナさんは「もし、図書館が払えないと言えば、彼女は無料で絵を描いてくれたに

column

図書館での貸し出しによる損失を作家に補償する公共貸与権制度

フィンランドには、他の北欧諸国と同様、公共図書館が住民に図書を無料で貸し出すことによって生じる損失を図書館資料の創作者に還元するための法制度「公共貸与権制度」がある。世界で初めて公共貸与権を導入したのはデンマークであり、1946年のことであった。その後、1947年にノルウェー、1954年にスウェーデン、1961年にフィンランドと北欧諸国が次々に作家への補償制度を導入した。

公共図書館の設置率・利用率が高く公共図書館での図書の貸借が図書の売り上げに影響を与えることが明らかであることが、公共貸与権導入の前提となっている。北欧諸国では公共貸与権は少数話者言語を保護する文化政策でもあり、補償金の支払いが自国の言語の著作物に限定されている理由はそこにある。日本では、まだ図書を対象にした公共貸与権は導入されていない。

フィンランドでは、1964年に作家への助成制度として図書館助成金（kirjastoapuraha）の支払いがはじまった。しかし、当時の制度は貸与補償（Lainauskorvaus）を中心とする現行の公共貸与権とは異なる、フィンランド独自の文化振興政策の一つであった。現在、公共貸与権は教育文化省管轄のもとで、著書や翻訳書担当のサナスト（Sanasto）、ビジュアルアート作品担当のコピオスト（Kopiosto）、音楽作品著作物担当のテオスト（Teosto）の三機関によって管理されている。

図書館の資料のなかで貸与補償の対象となるのは図書、オーディオブック、楽譜、CDなどの物理的な資料である。補償金は公共図書館の貸出回数に応じて決定される。制度の導入当初わずか３円ほどだった１回の貸出への支払い額は年々増加し、2019年８月現在、約30円が著作者に支払われることになっている。なお、現在でも1960年代にはじまった図書館助成金制度は続いており、2019年には993人の応募者のなかから図書館助成金委員会がフィンランド文化に貢献した著作者358名を選考し、総額にして約３億5,000万円が支払われた。

違いありません。だって、図書館内に置かれるものですから」と胸を張って言い切った。創作者の図書館に対する敬意を示すかのようなエピソードである。

子どもスペースの一角には、屋根裏のような場所もある。乳幼児をもつ保護者が集まって、映画を観たり、おしゃべりをするスペースになっている。定例プログラムとなっている「赤ちゃん映画（BabyKino）」が毎週水曜日に開かれているという。このスペースにはベビーキャリーやチャイルドシートも備え付けられているので、保護者はゆっくりと映画を楽しむことができる。乳幼児連れでゆっくり過ごす場所が意外とないため、図書館はこのスペースの設置を決めたという。もちろん、オムツを替えたりすることもOKで、ほかの利用者に気兼ねすることなく過ごすことができる。

（2）一九七六年、オウル生まれ。児童文学作家、イラストレーター、グラフィックデザイナー。文房具や雑貨のデザインも手がける。

赤ちゃん連れでも気兼ねなく過ごせる

6 館内に設けられたコミュニケーションの仕掛け

一〇〇年も前から自宅の居間のように住民が使ってきた図書館だから、当然のように、館内でのおしゃべりはOKとなっている。「図書館はコミュニケーションの場ですから、会話が発生するのは当然のことなんです」とタイナさんは言っていた。もちろん、静かな空間がほしい人のために静寂室も設けられている。

飲食は館内のどこでも許されている。実際に館内を回ってみると、バナナを食べたり、サンドイッチを食べながら仕事をする人をたくさん見かけた。ただし、子どものスペースだけは、飲食できるところとそうでないところを分けているそうだ。というのも、お菓子を食べながら歩き回ったりすると施設が汚れてしまうので、それを避けるために飲食コーナーを設けているということである。

友達同士で勉強する若者

「図書館は住民のコミュニケーションの場」とタイナさんが言い切るとおり、館内には直接会話するだけでなく、間接的に利用者がコミュニケーションできる仕掛けが随所に施されている。一〇年前にフィンランドを訪れたときにもあったが、自分の読んだ本をほかの人に推薦するコーナーが健在だった。また、利用者同士で本が交換できるコーナーもある。誰でもそこに自分の本を持ってきて、好きな本を持って帰ることができるのだ。

タイナさんが「すごく重要なコーナー」と言って紹介してくれたのは、「見知らぬあなたへ（kirje tuntemattomalle）」というコーナーである。図書館を訪れる利用者が間接的にコミュニケーションを取れるようにと、ここには掲示板が用意されていた。利用者が「ほかの人に伝えたいこと」を紙に書いて、ボードに貼っていくというものだ。

タイナさんが、「私たちもこのボードに貼られたメッセージに元気づけられることがあります」と言っていたほど

「見知らぬあなたへ」のコーナー

で、足を止めて見知らぬ誰かのメッセージをじっと読んでいる利用者の姿を目にした。図書館にさえ来れば見知らぬ利用者とコミュニケーションができるというこのアナログなボードは、ＩＴ先進国のフィンランドでのことだけに重要な意味がある。

7 読書支援は図書館サービスの要

インタビュー中、タイナさんの口から「カッリオ地区の住民は『オープンマインド』なんです」という言葉が何度も出てきた。公共図書館は住民に支えられている。その人びとがオープンマインドであればあるほど図書館は開かれたものとなり、魅力的な空間になっていくことは間違いない。公共図書館が本質的にもっている文化装置としての特性と、カッリオという地域性が相乗効果を生み出しているのだろう。

実際、この図書館は本当に心地よく、滞在していたホテルから歩いて行けるということもあって、滞在中に何度も足を運んでしまった。近所にあったら、用事がなくても毎日立ち寄ってしまいそうな図書館なのだ。

最近の傾向として、本を借りる人は自宅から図書館の蔵書を予約して、それをピックアップしたらすぐに図書館を後にすることが多いともいう。それ以外には、本を借りないで図書館を仕事場にしている人が増えているとも聞いた。もっとも、このような状況は、カッリオ図書館にかぎらず居心地のよい公共図書館では世界的に見られる傾向である。そんななか、「読書振興が自分たちのもっとも重要な任務だ」ということをタイナさんが強調していた。そこには、読書支援こそが公共図書館のもっとも中心的な仕事であるという確固たる信念が表れている。

　フィンランドは、ＯＥＣＤの学習到達度調査ＰＩＳＡの読解力スキルで、二〇〇〇年と二〇〇三年に世界第一位となり、一躍注目を集めたわけだが、その背景に「luku-suomi《ルクースオミ》」と名付けられた国家レベルの読書振興プロジェクトがあったことはあまり知られていない。「ルク・スオミ」は、国家教育委員会（opentushallitus）が主導し、二〇〇一年から二〇〇四年まで行われていたものである。その全文は報告書「Luku-Suomessa taottua Opetushallituksen Luku-Suomi-kärkihankkeen（2001-2004）raportti」としてまとめられた。実際、カッリオ図書館でも、年代を問わず書架で熱心に図書を選んでいる人をたくさん見かけた。タイナさんは、そういう読者をもっともっと図書館に引き寄せたいと思っているのだろう。

　二〇一八年八月、カッリオ図書館は運営面における大きな変化を目前としていた。これまでは図書館ごとに自律的な運営が行われてきたが、これからは近隣の図書館六館が統合的な運営のもと、プログラムなどにおいても共同で実施されることが決まっていたからだ。とはいえ、これまで個性派として通してきたカッリオ図書館は、今後もそのユニークさを失うことは決してないだろう。なぜなら、図書館の運営がどのようなものになろうと、利用者はそうした経営管理上の仕組みを軽々と飛び越えて、これまでやってきたように、これからも自分たちの図書館をつくっていくにちがいないからだ。

8 「私、ここの図書館で結婚式を挙げるからね！」

そういえば、カッリオ図書館で結婚式を挙げたカップルがいるという。厳粛で知的な雰囲気が好まれるのか、図書館で結婚式を挙げたいという希望はどこの国でもあるらしく、アメリカの公共図書館では、たとえば約一五〇〇ドルから二五〇〇ドル（約一六万二〇〇〇円から約二七万円）という料金で結婚式が挙げられる。

結婚式を挙げるカップル
Photo：Patrick Karkkolainen

タイナさんがカッリオ図書館での挙式を詳しく説明してくれた。大きく分けて二つのパタンがあるらしい。一つは、開館中に無料で結婚式を挙げる場合である。つい最近、図書館で結婚式を挙げたカップルの場合、閉館前の三〇分前に結婚式を行い、ちょっとした音楽演奏があったという。そこにいた来館者は、期せずして結婚式というセレモニーを共有することになった。偶然、居合わせた利用者から祝福されたカップルは、とても幸せな気持ちになったことだろう。

もう一つは少し大掛かりなもので、閉館後に図書館を借り切って行うというものだった。図書館の常連でもあったカップルは、図書館の建物をとても気に入っていたようで、「ぜひ、ここで結婚パーティーを開きたい」と言ってきたという。カップルの熱意に、もちろん図書館も快諾して実現した。結婚式は、会食やダンスパーティーなどで深夜まで盛り上がったという。

このときは、清掃代、家具の移動費、披露宴の間、図書館に待機している職員の人件費、建物のセキュリティーの解除にかかる

ゲストが見守るなかでダンスを踊るカップル　Photo：Janne Palander

ゲストと一緒にダンスを楽しむカップル　Photo：Janne Palander

費用、事前打ち合わせなどの実費一一〇〇ユーロ（約一四万三〇〇〇円）をカップルが支払っている。図書館を結婚式場として提供することで収益を上げているアメリカと違って、カッリオ図書館では実費のみの徴収となっており、場所代は徴収していない。

「カッリオ図書館は、一九一二年に建てられた歴史的な建物です。カッリオ地区に住む人びとにとって、この図書館は特別な意味をもつんです」と言うタイナさん、知り合いからも、「二〇二〇年に図書館で結婚式を挙げるからね」と頼まれているという。

第5章 出会いのエントレッセ図書館

エスニックマイノリティの利用者が多いエントレッセ図書館

1 フィンランドに暮らす移民

フィンランド人はとてもシャイだ。道端で見知らぬ人とおしゃべりがはじまる、なんてことはまずない。二五度を超えると「真夏日」としてニュースになるこの国では、暑さより寒さへの対策が大切で、ドアも窓も二重になっていて固く閉ざされている。隣人の顔を知らないなんてこともざらである。そんな寡黙で内気なフィンランド人の外見として、背が高く、金髪で、青い目をもつ人びとを思い浮かべる人が多いだろう。しかし、このような「フィンランド人」像も少しずつ変わりはじめている。

ここで述べるエントレッセ図書館（Entressen kirjasto）の話は、フィンランドで急激に増えている移民のことからはじめることにする。

フィンランドでは、「外国を背景にもつ住民（ulkomaalaistaustainen《ウルコマーライスタウスタイネン》）」、つまり両親もしくは判明している唯一の片親が外国生まれという人の数が急激に増えている。その数は、一九九〇年には四万人（全人口の〇・八パーセント）にも満たなかったが、二〇一七年には三八万人（同七パーセント）を超えている[1]。ちなみに、フィンランド語には、外国人「ulkomaalainen《ウルコマーライネン》」、外国語を話す人「vieraskielinen《ヴィエラスキエリネン》」、移民「maahanmuuttaja《マーハンムーッタヤ》」、移民を背景にもつ人「maahanmuuttajataustainen《マーハンムーッタヤタウスタイネン》」

などといった言葉があり、それぞれ状況によって使い分けられている。

一口に「移民」と言っても、その背景はさまざまである。一九七〇年代にはチリとベトナム、一九八〇年代にはソマリア、一九九〇年代には旧ユーゴスラビア地域、そして最近では中東からの難民をフィンランドは多く受け入れてきた[2]。現在、彼らはフィンランド国籍を取得している場合が多いのだが、二世である子どもたちはフィンランドで生まれているし、フィンランドの学校教育を最初から受けている。所持しているパスポートを見ればフィンランド人となっているし、もちろんフィンランド語も流暢である。ところが、家庭ではそれぞれの母語[3]を話し、フィンランドで主流なキリスト教ルーテル派とは異なる宗教様式の生活を営んでいるという場合が多い。

外見もフィンランド人とは異なるのだが、実は、フィンランドに住む外国人の母語でもっとも多いのはロシア語（約七万七〇〇〇人）とエストニア語（約五万人）であって[4]、ぱっと見ただけ

（1） Statistics Finland: Maahanmuuttajat väestössä https://www.tilastokeskus.fi/tup/maahanmuutto/maahanmuuttajat-vaestossa.html による。

（2） 一九八〇年代から一九九〇年代にかけては、フィンランドから移民として流出した数も多い。Ulkomaalaiset ja siirtolaisuus. Aliens and international migration 1994. Statistics Finland

（3） 外国語を母語とする人向けに、各地の公共図書館に加えて多言語図書館（Monikielinen kirjasto）として、全国レベルのサービスがパシラ図書館（六二ページ）を拠点に展開されている。

では見分けがつかないことも多い。そんな彼らは、現在もフィンランド語を勉強中で、規定の語学テストに合格していないというケースのほか、フィンランド国籍をまだ取得していないということもある。

このように、現在フィンランドに暮らす移民の背景は一様なものとは言えないが、ヘルシンキ都市圏は移民の割合がほかの地域より高くなっており、エスポー市では住民の一六パーセントが外国語、つまりフィンランド語、スウェーデン語、サーミ語以外の言語を母語としている。さらにその割合は、エントレッセ図書館のあるエスポーンケスクス（Espoon keskus）区で二七パーセントとなっており、そのなかでもスベラ（Suvela）地区は三七パーセントを超えるという高い比率となっている。

2 地域住民のリビングルーム

現在でこそフィンランドで二番目の人口を抱えているエスポー市だが、第二次世界大戦前はやっと人口が一万人を超える程度の「村」だった。(5) 戦後に人口が増えはじめ、一九六〇年代に市議会や行政機構が集まった「エスポーンケスクス」がつくられ、都市計画が大きく前進した。そして、一九七〇年代には市の賃貸住宅がエスポーンケスクスのスベラ地区に大規模開発され、低所得者、とくに移民が大量に増えたことで「エスポーのスラム」と呼ばれた時期もあった(6)。ところが最近、ひと昔前の悪評は一掃され、地域の高校はエスポー市内でもっとも合格の難しい学校になっている。高学歴の住民が多く、コミュニティとしての潜在力も高く、将来性の高い地域として注目されるようになっている。老朽化した市の賃貸住宅の建て替えがはじまり、駅前の再開発も進行中だ。

このエリアの評判向上にひと役買ったのが、二〇〇九年に開館したエントレッセ図書館である。元々スベラ地区にあった「ケスキ・エスポー図書館」がエスポー駅前開発の一環として造られた「エントレッセ・ショッピングセンター」内に移転したもので、大幅にリニューアルしたうえに規模もかなり大きくなった。

---

(4)　スウェーデンからの移民も多いが、スウェーデン語はフィンランドの公用語のため、ここではカウントされていない。
(5)　一九三〇年代にヘルシンキ市は人口二〇万人を超えている。
(6)　エスポー市でもっとも平均所得が低いエリアは、市の一番東側に位置するオタニエミ（Otaniemi）だが、ここには大学や研究機関が立ち並び、学生数がとても多い地域となっているため、実質的にはスベラ地区がもっとも所得の低いエリアとなる。Statics Finland: Tulоerot kasvaneet pääkaupunginseudulla

移転前から図書館職員として勤めるサンナ・コスケラ（Sanna Koskela）さんは、エントレッセ図書館を「地域住民の真珠、豪華な共有リビングルーム」と呼んでいる。スベラ地区の住民でもある彼女は、「この一〇年で、この地域の評判はずいぶん変わりました」と話してくれた。

地域におけるエントレッセ図書館の奮闘は、二〇一五年、教育文化省が授与するフィンランド賞（Suomi palkinto）の受賞につながった。受賞理由として、以下の四つが説明されていた。

・個人のニーズに応じたサービスを提供し、異なる文化との出会いを重視し、コミュニティを育み、多文化について精通した職員がいて、文化にかかわる機関の模範になりうる。
・若者と移民が重視され、地域住民の要望を取り入れながらサービスを発展させている。
・利用者はバックグランドにかかわらず、この図書館で体験、情報、コミュニティ、友人を発見して、フィンランド社会に入っていくことができる。
・多様性は職員にも見いだすことができる。

華々しい賞を受賞したエントレッセ図書館だが、自分たちの図書館が「模範」などと思っている職員は一人もいない。日々、目の前の利用者たちと向き合ってきただけだし、これからもそうあり続けるだろう。そんな平凡な毎日を積み重ねるエントレッセ図書館の開館から一〇年、その短くて長い歩みをご紹介したい。

移転計画において重視されたのが「出会いの場」としての機能である。前述したように、この地区にはさまざまな人が暮らしている。人種間だけでなく、年齢、ジェンダーといったあらゆる障壁と差異を越えて断絶を防ぎ、「対話する場」としての公共図書館が目指され、さまざまなイベントが実施できる空間が生まれたのだ。

エントレッセ図書館が誕生した当時の管理職、スンニバ・デレク（Sunniva Drake）さんはエスポー市図書館における多文化共生の最前線に立って活動をしてきた。父親は孤児、母親は経済難民としてドイツからやって来たという背景をもつスンニバさんは、図書館内外で移民を対象にしたフィンランド社会へのインクルージョンに取り組んでいる。作家でもある彼女は、移民に対しての風当たりが強くなるなか、難民の人権に関する発言を積極的に続け、二〇一七年には作家の国際団体である「国際ペンクラブ」のフィンランド支部（Suomen PEN）より「言論の自由賞」を受賞している。

エスポー市図書館では、さまざまな文化や国をテーマにしたイベントをはじめ、二〇一五年にヨーロッパへ難民の波が押し寄せたときには、市内に難民を受け入れるための宿泊所が開設されるや否や移動図書館の定期訪問を実現させている。また、滞在許可を得た人たちが生活の基盤を築くために、住居、学校、職探し、その他生活に関するあらゆる支援を各図書館で可能なかぎり行っている。

とはいえ、行政サービスは「紙ジャングル」と呼ばれる非常に複雑なもので、図書館職員が全体像を把握することが難しいうえに言葉の壁もある。そこで、行政制度に詳しい職員と通訳が図書館に待機するというサービスを新しくはじめている。これらを、強い牽引力とリーダーシップで実現していったのがスンニバさんである。

3 イベント図書館の先駆けとして

二〇〇〇年代初めから、エスポー市図書館は未来の図書館について住民や政治家との議論を重ね、二〇〇五年頃、エントレッセ図書館の計画が動き出した。エントレッセ図書館では、計画の段階から館内でイベントを実施したり、利用者がさまざまな活動ができるように、そのためのスペースを確保することが優先された。

「フィンランド人と移民が出会い、問題だと見なされる若者たちの居場所をつくりたかった」と、スンニバさんは計画した当時を振り返った。職員のサンナさんも、移転前のケスキ・エスポー図書館の青少年部門は「ウサギ小屋のように狭く」、エントレッセ図書館の読み聞かせをする「お話の部屋」より小さかったと言っている。実際にエントレッセ図書館では、床面積の半分が児童・青少年部門に割り当てられた。

また、多くの蔵書数を抱えることはエントレッセ図書館にとって不要と判断された。日本からの訪問者が必ず驚くのが、広い空間に対する本の少なさである。書架には約四万冊が並ぶが、かなりゆったりとしたスペースが取られている。これは、第1章で紹介した「ヘルメット」のネットワークを利用すれば各館から資料を取り寄せることができるためであり、新刊書や人気のあるもの以外は所蔵する必要がないという判断に基づいている。実際、館内には一年以上借り出されていない資料は並んでいない。

選書業務が各館からエスポー市全体のワーキンググループに移った(7)ときや、エスポー市とヴァンター市の間でフローティングシステム（九五ページの注7を参照）が導入された際に書架を増やすことが検討されたりもしたが、やはり増やすことはなく、ほかの方法で

(7)　エスポー市は一六館の図書館と移動図書館、および宅配サービスによって住民にサービスを提供しているが、共通の業務は館を越えたワーキンググループに移行しつつあり、大規模な組織改革が二〇二〇年に計画されている。

フィンランド語学習グループの様子

高校生と政治家の対談イベント（写真提供：エントレッセ図書館）

蔵書を増やすことを模索するという方針が現在に至るまで貫かれている。

エントレッセ図書館の施設面での特徴はというと、すべての家具と什器が簡単に動くということだ。ほとんどが一人で動かせるようになっていて、高さが電動で調節可能となっているサービスデスクがもっとも重い家具だが、それでも二人で抱えればなんとか動かすことができる。イベントや利用者のニーズに合わせて、毎月のように家具の配置が変わっていく。利用者もそのことをよく知っていて、「あの机はどこに行った!?」なんてこともたびたび起こるようだ。一度、一〇代の若者が館内の隅に椅子と机をせっせと集めて、たまり場をつくってしまったこともあるという。

広い空間を確保したエントレッセ図書館では、実にさまざまな催し物が実施されており、二〇一八年には八六四件のイベントに約二万人が参加した。この多様なイベントに携わってきた一人が、多文化インクルージョン担当のヤスミン・ラッパライネン（Jasmin Lappalainen）さんだ。

彼女は、市議会議員でもあるソマリア人職員と協力してソマリア文化フェアや、メキシコ文化団体とタイアップしてハチドリ・フェスティバルなどを実施し、そのたびに広い館内は来館者であふれかえった。また、二〇一七年の秋に実施されたマク・トリ（MAKU-Tori）では、さまざまな文化団体やボランティア団体が集結した。展示、人形劇やダンスの上演、食べ物の出店でにぎわい、消防署員による緊急番号講座なども開かれた。この日の来館者は約二五〇〇人に上った。

最近では、職員よりも、ボランティアや外部団体によって企画運営されるイベントの割合が増えている。シニアボランティア団体のエンターグループ（ENTER ry）が主催するデジタル講座は、同年代の同じ言葉を話す人にパソコンやスマートフォンの使い方を教えてもらえるということで高齢者に人気となっている。二〇一九年八月には、新政府が大臣による各地の図書館訪問を計画していて、エントレッセ図書館でも外務大臣と地域住民のフリーディスカッションが予定されている（一一六ページも参照）。

これらを可能にしているのが図書館の中央に位置する二つのオープンスペースで、手芸グループの集会、フィンランド語教室、読み聞かせ、コンサート、ダンス会場へと、用途に合わせて次々と様変わりをする。オープンスペースにかぎらず、図書館全体が大きな一つの空間としてつくられているため、部門間の仕切りもとても緩やかなものとなっている。

4　にぎやかな空間

図書館が一つのスペースであるということは、音も筒抜けであることを意味する。ひっきりなしに行われるイベントには音がつきものだし、少しずつスペースを広げているメーカースペース

column

図書館犬

子どもに本を読んでもらう図書館犬パトゥ

図書館犬は「セラピードッグ」とも呼ばれており、福祉施設や学校などで活動する介助犬のことである。公共図書館へのセラピードッグの訪問はアメリカではじまっている。読書に苦手意識をもっていたり、文字認識に困難をもつ子どもたち、また精神的に過度なストレスを抱えた子どもが、図書館犬に本を読んであげたりするというものだ。犬と一緒に本を読むことで、読みに対するスキルを向上させたり、精神の安定を得て自己効力感を高めたりする効果があると言われている(注)。

(注) 読書介助犬についての詳しい情報は以下を参照。Intermountain Therapy Animals, http://www.therapyanimals.org/Home.html

3Dプリンターを取り囲む保育園の子どもたち

学校の授業の一環でメーカースペースを訪問する小学生

ではさまざまな機器が音を立てている。さらに、図書館犬（Kirjastokoira）のパトゥがやって来て、子どもたちと一緒に遊ぶこともある。

ヤスミンさんが「例外的に騒がしい日はあるけれど、普段、音を問題に感じたことはない」と話すように、エントレッセ図書館では利用者、職員ともにオープンマインドで、静寂な空間としての図書館は期待されていないようだ。

とはいえ、伝統的かつ静かな空間を求めてやって来る利用者も当然いて、そんな利用者からの苦情が定期的に届いているという。苦情にこたえるためか、あまりにも大声で喋るグループに職員が声をかけたところ、それが移民のグループだったことで、地元紙に「人種差別をする図書館だ」と書かれてしまったこともある。サービスの多様化と安全で居心地のいいリビングルームとしての機能を両立させることは、ここだけでなくフィンランド各地の図書館でも課題となっている。二〇一六年には「変化する公共図書館の音景プロジェクト」が実施され、エントレッセ図書館も参加している。

プロジェクトの一環として行われた調査によって、「静寂」ではなく「多様なサービス」と「落ち着いた空間」が図書館に望まれているということが明らかになった。それをふまえてエントレッセ図書館では、音の原因を追究し、青少年部門にはカーペットを敷き、音を遮る仕切りとしてカーテンを取り付けることにした。これによって館内の音圧レベルは下がったが、それでも解決策としてのインパクトには欠け、その後も試行錯誤が繰り返された。

長年にわたって悩みの種となっていた騒音対策は、ひょんなことから、開館一〇周年を迎える二〇一九年に本格的に動くことになった。といっても、特別な予算がついたわけではない。一〇年の時間を経て、老朽化していた自動返却機の更新が読書室の設置とあわせて計画されることになったのだ。

それまで使われてきた自動返却機はトラブルが多くなり、大規模な修理か買い替えが必要と判断された。そこで、カッリオ図書館（第4章参照）の半セルフサービスシステムをモデルにして、コンパクトな機械が導入されることになった。これは、利用者が返却機にICタグの情報を読ませると返却処理が施され、返却や予約などで他館に輸送される資料は機械が中に取り込み、自館に残る資料は用意されている棚に利用者が置いていくというものだ(8)。これにより、巨大な自動返却機が占めていた部屋が空き、大きな改修工事をすることもなく「読書室」のスペースが確保できることになったというわけだ。

新しい返却機は、インフォメーションデスクを少し移動したことで空いたスペースに設置された。職員の作業が若干増えたが、利用者、職員とも新しい返却システムにスムーズに移行している。新しい読書室はエントレッセ図書館には数少ない周囲が壁で完全に仕切られている空間となっており、落ち着いて仕事や勉強ができると利用者の満足度も上がっている。

5 多様な職員のバックグランド

エスポー市の大きな図書館では、どこも職員の顔ぶれが毎週のように変わっていく。というのも、良心的兵役拒否（一〇一ページの注1参照）の役務を選択した若者、職場研修生、言語研修生など、さまざまな理由と契約形態で次々と新しいメンバーがやって来るからだ。彼らの契約期間は、二週間から一年とこちらもさまざまとなっている。

実は、エスポー市図書館がかぎられた予算のなかで次々と多様なサービスを大胆に展開できている理由の一つに彼らの存在がある。「図書館職員レンタル（Lainaa kirjastolainen）」では、デジタルデバイスの使い方などについてマンツーマンのＩＴ支

（8）　フローティングシステムが導入されているエスポー市とヴァンター市間では、資料は基本的に返却された館に残り、所属館には返送されない。九五ページの注7も参照。

現在の読書室に自動返却機が設置されていた当時

カッリオ図書館をモデルに導入された新しい自動返却機

援が受けられる。パソコンやスマートフォンの初期設定が必要だったり、セキュリティに不安をもつ利用者にとても人気のサービスである。どうやら、エントレッセ図書館があるショッピングセンター内のスマートフォン販売店舗では「詳しい操作方法は、図書館に行けば教えてもらえるよ！」と案内しているらしい。ベテラン職員が手こずってしまう内容でも、若い研修生たちが積極的にＩＴ支援の対応をして、利用者の問題を解決していく。図書館にとって「無料」の労働力である彼らは、時に職員数の半分を超えるときもあり、カスタマーサービスを支えている。

しかし、研修生たちは契約期間を終えると、図書館での就労証明書を手にして次のステップへ進んでいく人がほとんどである。そのため、安定したサービスが提供できないという弊害もある。また、継続的に新しいメンバーが来るということは、受け入れる図書館側にも負担と労力を強いることになる。それゆえ、最近では短期雇用職員や研修生を減らしていくことも検討されているようだ。

このような職員の流動性は、サービスの範囲や内容にも影響を与えている。館や職員によって提供しているサービスの質にばらつきがあり、図書館間の差をなくしていくことが今後の課題となっている。また、イベントに関して言えば、数は多いが職員が趣味をイベントにしている程度のものもたくさんある。エスポー市図書館のサービスは、「洗練」という言葉にはまだまだ遠いと言える。

職員が次々と入れ替わっていくエスポー市の図書館だが、そのなかでもエントレッセ図書館は、利用者だけでなく職員も多文化だ。元々フィンランドには複数の言語を習得している人が多いわけだが、それに加えて外国を背景にもつ職員がたくさんいるため、この図書館職員が話せる言語数は常時二〇か国語ほどあり、一〇か国語を切るということはまずない。各職員の名札には話せる言語の国旗シールが貼ってあり、利用者はそれを目印にして職員に話しかけている。

外国を背景にもつ職員の一人がアブディハキム・アブカル（Abdihakim Abukar）さんだ。次々とメンバーが代わるなか、移転前から勤めており、ユースカウンセラー（nuorisonohjaaja）の資格をもっている。ソマリアで生まれ、七歳のときにフィンランドに移住してきた。現在は、青少年・児童チームリーダーとして、青少年が社会から孤立しないようにする活動を重点目標としてチームを引っ張っている。

「このあたりはドラッグや飲酒、暴力といった問題がエスポー

エントレッセ図書館職員　（Photo：Maija Vuorio）

地域のなかでもっとも多く、青少年たちが非行に走らないようにするのが我々の大切な任務です」と、熱く語ってくれた。

もちろん、図書館だけでこうした問題が解決できるわけではない。そこで近年、彼がとくに力を入れているのが周辺機関とのネットワーク構築だ。図書館の近くにあるユースセンター(9)、警察、児童相談所、学校と緊密に連絡を取り合って、協力体制を築いている真っ最中だという。

問題行動を起こす青少年は、親もアルコールや暴力といった問題を抱えていることが多いものだが、「子どもには大人の存在が必要です」とアブディさんはきっぱり言い切った。親以外の大人が見守り、理由がなくても「ただいること」のできる場所としての図書館が大切だとも言う。

開館当時のスンニバさんの理念は、脈々と受け継がれていることが分かる。

実際、エントレッセ図書館の青少年部門の利用者（正確には「いる」だけだが）は、この一〇年で三倍に増えているという。ただ、そのためにユースセンターの職員は、利用に年齢制限がない図書館を「利用者を奪う脅威」として見なしているようで、「良好な関係を築くのに苦戦している」とこっそり教えてくれた。フィンランドでは珍しい、行政組織間の「縄張り争い」が顔をのぞかせていた。

青少年の図書館利用者が増えることは喜ばしいことだが、飲酒、喫煙、ケンカなどといったトラブルも起こる。ショッピングセンター全体の警備員による巡回数が増やされてはいるが、警察を呼ばなければならないようなケースも時には起こっている。しかし、「子どもたちは我々の未来」という考えのもと、エスポー市では図書館の青少年・児童部門を重要なものと位置づけている。

エントレッセ図書館は、開館してから一〇年でレイアウトも蔵書もずいぶん変わった。メーカースペースが生まれ、イベントも次々に変化を遂げている。青少年部門にやって来る一〇代の顔ぶれも少しずつ入れ替わっており、親になって子ども連れで戻ってきている。

「そのうち孫も来るね。そしたらアブディはこの地域に住むみんなのおじいちゃんだね」と言うと、インタビュー中チームリーダーとしての苦悩が漂っていたアブディさんの表情が一気にほころんだ。エントレッセ図書館は、これからも人と人が出会う場所として発展していくことだろう。

6 コミュニティのバリアフリーを支える公共図書館

第3章に登場したイソ・オメナ図書館に比べると小規模だが、エントレッセ図書館でもメーカ

(9)　市が運営する青少年の「たまり場」。青少年カウンセラーが常勤する場内にはゲーム機やビリヤードなどが備えられている。エスポー市内には二一か所あるが、入場年齢制限があったり、利用できる時間が学年で区切られたりしている。

ースペースは人気で、機器は絶え間なく利用されている。図書館に併設されているイベントスペース「ジュークボックス（Jukeboksi）」に導入されたカラオケも好評だという。このように、フィンランド公共図書館で新しいサービスが次々に生まれるのは、周辺にそのような環境がないということでもある。

日本なら雑貨屋にありとあらゆるデザインのステッカーや装飾品が並んでいるし、料理教室や音楽教室で気軽に新しい趣味をはじめることも簡単である。しかし、フィンランドでは、そのようなサービスや施設が日本に比べると決して充実していない。高校生がお小遣いで行けるカラオケボックスなど、フィンランドでは夢のような話なのだ。だから、図書館のメーカースペースに友達へのプレゼントをつくりに行ったり、ジュークボックスの料理教室に参加したりするのだ。このような環境だから、公共図書館で新しいサービスが次々に生まれているという側面もある。

環境問題に対する意識も、図書館のサービスを発展させている。サービス拡大に乗り気でないベテラン職員も少なくないなか、昨年までメーカースペースのリーダーだったサンナさんは、「毎日使うわけでもないのに、すべての家庭で買う必要はないでしょう」と、メーカースペースがカバーする範囲が広がることに乗り気だ。

実際、ラミネート加工の道具やシュレッダーなど、利用者が館内で自由に使えるアイテムは徐々に増えている。しかし、そのような機器が増えれば増えるほど故障やメンテナンスといった問題も増える。それでも、環境問題のためにと所有していた車を売って電動自転車に乗り換えたサンナさんは、シェアエコノミーの担い手としての図書館の存在意義を強く信じている。

エスポー市図書館のサービスは、利用者の属性でカテゴライズされないということも書き添えておきたい。エントレッセ図書館は、元からこの地域に住んでいた住民と移民との「出会いの場」というコンセプトではじまっているため、利用者として移民を想定したサービスが多くなっている。とはいえ、なんとなくお喋りがしたいフィンランド人が、フィンランド語の会話練習グループに参加するなんてこともあるように、利用者に制限は設けられていない。

最盛期には週に六つのグループによって開催されていたエントレッセ図書館のフィンランド語学習プログラムは、多いときには週に一〇〇人以上が参加した。語学学習グループのうち四つは外部のボランティアによって運営されていて、現在も続いている。

「ランゲージ・カフェ（Kielikahvila）」にはフィンランド赤十字（Suomen Punainen Risti：SPR）から、「一緒に読もう（Luetaan yhdessä）」には「一緒に読もうネットワーク（Luetaan yhdessä -verkosto）」から、それぞれ指導者ボランティアがやって来る。ランゲージ・カフェは元々火曜の夜に実施されていたが、子どものいる母親などの希望を図書館が取りまとめてＳＰＲに依頼し、金曜の日中に二つ目のグループが開講することになった。

また、以前から「ニュース・カフェ（Uutiskahvit）」という、話し相手を探しているフィンランド人が集い、その日のニュースについてざっくばらんに話すグループがあったが、そこから派生して新しくできあがったグループが「セルコニュース・カフェ（Selkouutiskahvit）」だ。

二〇一七年、図書館が受け入れる言語研修生の数が増えていた当時、彼らのできる業務には限界があり、一日六時間の研修時間のプログラムの構成を考えるのに言語研修生担当職員はかなり悩んでいた。ニュース・カフェも語学練習にはいいのだが、いきなり社会情勢についての会話に入るのは彼らの語学力では難しい。そこで、ウォームアップとしてニュースに出てくる語彙に触れるために、「セルコキエリ」(10)で書かれたフィンランド国営放送（Yleisradio：YLE）のセルコニュースを扱うグループをつくることが担当職員の発案ではじまっている。

「私は○○人です」とか「昨日は△△で××に行きました」というような、単調なフレーズに飽きていた学習者たちにとって、平易な語彙でも多様な話題がテーマになるこのグループは刺激的で、いつの間にか、本家のニュース・カフェより大きくなり、独立したイベントとなっていった。

「カフェ」という名の付くとおり、図書館の研修生や職員がコーヒーやお茶を用意し、ニュースの印刷やコンピュータやプロジェクト、文房具を準備して、机や椅子を並べ換えてカフェの準備をする。しかし、このグループをメインで支えているのは、お喋りが大好きなニュース・カフェの参加者だった。その彼は、ボランティアとして参加者の質問に答えたり、ニュースの解説をしたりと「先生役」を務めるようになり、彼のおかげで図書館がイベントに割くリソースが少なくなった最近でもこのグループは活動を継続している。もちろん、学習グループは語学を学ぶ移民にとって大きな助けとなっている。しかし、ボランティアの彼らにとっても「先生」になる毎週のひと時は、生活の張り合いになるという思わぬ効果を生んだ。

さらに、エントレッセ図書館の周辺地域には、教会、市が運営する住民公園（Asukaspuisto）、私営団体が運営するメ・タロ（Me-talo・フィンランド語で「私たちの家」という意味）、インターナショナル・リビングルーム・トラペサ（Trapesa）など、無料のフィンランド語教室の担い手が多く存在する。各団体の代表者が図書館の呼びかけで集まり、情報交換をはじめとして、学習者がなるべく多くのグループに参加できるよう日時を調整したこともある。特定の属性をもつ集団へのアプローチが得意な地域団体と、宗教、年齢などにとらわれず「すべての人に開かれている」ことを強みとする図書館がタッグを組んだ例と言える。(11)

---

(10)　フィンランドには、「セルコキエリ（selkokieli・簡単な言語）」という標準語よりも少ない語彙と簡単な文構造で書かれるフィンランド語がある。そもそもは、ディスレクシアなどの障がいを抱える人たちが読者として想定されていた。しかし、最近では、セルコケスクス（セルコキエリセンター）に認定を受けて出版されるセルコキルヤ（セルコキエリで書かれた本）には、フィンランド語を学ぶ外国人向けの読み物教材が増えている。

(11)　さらに付け加えると、ペット連れの入館を許可している公共図書館も多い。利用者と犬が来館するのは日常茶飯事、時には猫やウサギも飼い主とともに図書館を訪れる。

ここまでエントレッセ図書館が「フィンランド人と移民の出会いの場」として発展した様子を紹介してきたが、実は、エントレッセ図書館は次のフェーズを迎えている。たとえば、今年に入って「多文化」や「移民」を前面に押し出したイベントはかなり減ったし、語学研修生を前のように多く受け入れなくなった。今までエントレッセ図書館で多様な文化背景をもつ人びとを受け入れるための基盤をつくってきたスンニバさんは、「現在の管理職の決断にはがっかりしている」と率直な思いを語りつつも、「常に取り組むべき新しいミッションがある。周囲をよく見渡して、何が重要なのか次の世代が決めてくれることを願っている」と話してくれた。

ただ、先に述べたように、図書館の利用者に制限はないことは変わらない。重点が多文化から移行しつつあっても、図書館は、何かに困っている人が助けを求めて来館すれば、できるかぎりの支援を行っている。たとえば、障がいのある若者グループがメーカースペースに来たときには、通常よりもゆっくりとしたペースでワークショップを行ったり、身体的な障がいのためにキーボードの操作ができない人のためにメールの代筆をしたり、「私は歩くのが遅いです」という表示を歩行器に取り付けたい高齢者のために、パソコンでデザインをして印刷、ラミネート、紐でくくりつけるという一連の作業を手伝うなど、支援の例は枚挙にいとまがない（写真参照）。提供されているサービスが「障がい者向け」などとカテゴライズされているわけではなく、必要に応じて臨機応変に対応しているだけだ。さらに、「図書館利用者として登録されているか」といった確認もされていない。「目の前にいる利用者が必要としているサービスを提供する」こと、これがエスポー市図書館の方針なのだ。

　また、プリントディスアビリティ（一二一ページ参照）へ資料を提供する国立図書館の「セリア」へは、最寄りの公共図書館で利用者登録をすることができる。本来は、ディスレクシア、弱視、本が握れないなどの身体的な障がいをもつ人が利用できることになっているが、職員が診断書などを確認するわけではない。だから、診断があろうがなかろうが、利用者本人が困っているのであれば自己申告することで利用できるのだ。

　前述した行政支援サービスを図書館ではじめたそもそものきっかけは難民の到来だった。ところが、今では「紙ジャングル」で迷子になったフィンランド人も利用できるサービスとして、イソ・オメナ図書館（第3章参照）を中心に発展しつつある。

　バリアフリーな社会とは、人びとを「健常者」、「障がい者」、「高齢者」などのような特定グループにカテゴライズすることによって達成

職員といっしょに製作したプレートを愛用の歩行器に付けた利用者

されるものではなく、個々人がそれぞれの生き方を全うできるように社会全体がバリアフリーな状態になることを目指す概念である。そして、文化面のバリアフリーを地域で支えているのがフィンランド公共図書館であると言える。

ところで、エスポー市図書館は、二〇一九年にロンドン・ブックフェアにおいて「ライブラリー・オブ・ザ・イヤー」を受賞している。受賞理由として、「すべての人にオープンであること」、「イノベーティブなスペースであること」、「年齢を問わず文字・活字を読むことに困難がある人びとすべてを視野に入れたサービスを行っていること」が挙げられた。

エスポー市図書館の各館では、「世界一」のタイトルを祝って来館者にコーヒーとケーキが振る舞われた。この賞が、利用者によってもたらされたことを感謝するためである。また、いつもは開館時間に大いなる注意を払っているエスポー市図書館が、今回だけは例外となり、イソ・オメナ図書館を除いた全図書館を閉館して、研修生を含む職員全員が遊園地に出掛けて英気を養った。すべての職員にとって、この日が次なる革新的なサービスを生むエネルギー源となったことは間違いない。

第6章

図書館らしさにこだわり、サステイナビリティを追求するムンキニエミ図書館

アルヴァ・アールト私邸近くにあるムンキニエミ図書館

ヘルシンキ中央駅から北西へ五キロ行くと、緑豊かなムンキニエミの閑静な住宅地となる。ここで紹介するムンキニエミ図書館（Munkkiniemin Kirjasto）は、そんな住宅街にある。すぐ近くには、フィンランドの誇る建築家・デザイナーであるフーゴ・アルヴァ・ヘンリク・アールトの私邸があるため、夏になるとアールトを慕う日本人建築家がたくさん訪れる図書館でもある(1)。

1 小さな図書館の「スローライブラリー宣言」

コーヒーと紅茶に、フィンランドの夏を象徴するようなラズベリー、そしてカルヤラン・ピーラッカ(2)（karjalanpiirakka）という「フィンランド流のおもてなしセット」を用意して待っていてくれたのは、「ムンキニエミ図書館」と「ピック・フオパラハティ子ども図書

アルヴァ・アールト私邸　（Photo：Maija Holma, Alvar Aalto Museum）

館（Pikku Huopalahden lastenkirjasto）」の館長を兼務しているサリ・マッテロ（Sari Mattero）さんである。

彼女は、いったん図書館に就職したあと、ローマで美術史の勉強を長らくしてからフィンランドに戻ってきたという。その後、司書資格を取得してから本格的に図書館職員として働きはじめ、現在に至っている。定年まであと数年という大ベテランである。

「ごめんなさいね、散らかっていて」と言いながら、書類や本の山をかき分けて場所をつくってくれた。そして、「おもてなしセット」を食べながらのインタビューとなった。

ムンキニエミ図書館は一九三一年まで遡ることができるが、現在の建物は一九八九年に建設されたものである。コレクションは三万五〇〇〇冊、年間貸出数一八万九〇〇〇点、職員は六名の常勤職員体制となっており、約一万九〇〇〇人の住民を対象にしてサービスを提供している。開

（1）（Hugo Alvar Henrik Aalto, 1898～1976）「パイミオのサナトリウム」や「ヴィープリの図書館」などの建築物から個人邸まで多様な作品を残し、後世の建築家に多大な影響を与えた。アールトの私邸は一九三六年に設計され、アールトと同じく建築家・デザイナーであった妻アイノ（Aino）との事務所および住居として設計された建物である。シンプルでつつましやかなこの私邸は、現在一般に公開されており、建築に関心がある人びとが必ず立ち寄るスポットとなっている。

（2）カルヤラ地方の郷土料理。ライ麦でできた小ぶりなパイの中に詰め物として卵と米などが入っている。

館時間は月曜から木曜までが九時から二〇時、金曜日が九時から一六時、土曜日が一〇時から一六時となっている。

「このあたりは、お金持ちの人たちが住む地区だと思われています。確かに、一部には裕福な人びともいますが、普通の人も住んでいるんです」と、サリさんは前置きをしたうえで、「ごく普通の人たちが来る図書館です。でも、図書館に来る人たちは、知的な向上心をもった人が多いんです」と付け加えた。

サリ・マッテーロさん（写真提供：本人）

ムンキニエミ図書館を訪問先の一つとして決めたのは、ウェブサイトの図書館紹介に「スローライブラリー宣言」が掲げられていたからだ。そこには、次のような言葉が書かれていた。

ムンキニエミ図書館はスローペースで行きます！……目まぐるしく変化する社会、あふれる情報と過剰な娯楽、そして騒音が混乱とストレスをつくり出しています。そんななか、ムンキニエミ図書館は、緩やかで穏やかな環境をつくり出すためにペースを緩めます……居心地のよい静かな雰囲気、伝統的な「リビングルーム」のような環境、そうした空間にふさわしいコレクションやイベントを利用者に提供するのが私たちの仕事です。

この宣言に合わせて、図書館にはちょっと古いモデルのアームチェアやロッキングチェア、そしてコーヒメーカーがあるほか、たくさんの植物が館内に配置されている。

2　いざ、図書館改革へ

サリさんがスローライブラリーのアイデアを思いついたのは二〇一一年のことだった。同僚に図書館改造計画をもちかけてみたところ、全面的な賛同が得られたという。利用者にも図書館改革についてアンケートを実施したところ、

アルヴァ・アールト・コーナー

賛成の声が圧倒的多数だった。

了解を取り付けたサリさんが改革を進めるにあたって一番意識したことは、環境に配慮した図書館の雰囲気づくりとコレクションのあり方だった。最初に手がけたのは環境整備で、前述したように、自然素材を使った伝統的な家具やアームチェアを置いた。壁には絵画を掲げ、照明も温かみのあるランプに交換して、館内のあちらこちらには植物も配置した。これらすべては、利用者にもっと長くとどまってもらって、読書、勉強、仕事、そして思索をしてもらうためだったという。

次に着手したのは、図書館に来る利用者の意識改革だった。現在も貼ったままとなっている「スローライブラリー宣言」を、フィンランド語、スウェーデン語、英語の三か国語で入り口に張り出したのは二〇一二年のことである。

スローライブラリーのコンセプトは、物理的な環境面だけでなく図書館の資料収集の理念にも貫かれている。ほとんどの公共図書館が新刊書に重点を置いたコレクションを構築しているなか、あえて刊行年数を経た図書も新刊書と一緒に置くようにしたそうだ。このような新旧ミックス型のコレクション構築は、新刊書のみを扱う書店とは異なり、集める資料の時間軸を広く取ることができる公共図書館の「得意技」と言える。

サリさんの強力なリーダーシップのもと「スローライブラリー」となったムンキニエミ図書館

読書意欲を高める仕掛けがそこかしこに

美しい木組みの天井

くつろげる空間が館内にたくさんある

こぢんまりとした館内の様子

ムンキニエミ図書館の入り口

エントランスに貼ってあるフィンランド語、スウェーデン語、英語のスローライブラリー宣言

の姿勢を利用者はとても好意的に、いや、かなり熱烈に支持してきたようだ。だが、課題はたくさんある。規模の小さな図書館なので、サービスカウンターや子どものコーナー、そして大人の閲覧スペースもすべて同じフロアにあり、学校から子どもたちがクラス単位で訪問したり、保育園の子どもたちが訪れるイベントのときには静寂な環境を維持することが困難となる。また、かぎられた予算で環境に配慮した家具を増やすことがとても難しく、スローライブラリーの趣旨とは異なる人工素材の家具も置かざるを得ないという。

サリさんはインタビューのなかで、「ある程度の妥協はしょうがないんです」とか「できる範囲での改革を進めてきました」と繰り返し言っていた。とはいえ、伝統的なスタイルを維持しつつ環境に配慮した図書館をつくることに対する信念は、まったく揺らぐことがないようだ。

3 コンピュータゲームは置きません

ムンキニエミ図書館にはコンピュータゲームがない。これも、スローライブラリーのポリシーである。

「コンピュータゲームは、放っておいてもどんどん売れるし、消費されていくでしょう。公共図書館がそれに加担する必要はまったくないと思うんです」と、サリさんはきっぱりと言い切って、「私たちの図書館にあるゲームはこれだけ」と、積み上げられたボードゲームを指差した。

ちなみに、北欧の公共図書館では、コンピュータゲームはマスト・アイテムとなっている。これまで一〇〇館近くの図書館を訪問してきたが、コンピュータゲームを目にしなかったのはこのムンキニエミ図書館とノルウェーの小さな村ラオフォス（Raufoss）にある「ヴェストレ・トーテン図書館（Vestre-Toten Bibliotek）」、そしてスウェーデンのストックホルムにある乳幼児向け図書館「子どもの部屋（Rum för Barn）」だけだった。いずれも、館長が自分の図書館にコンピュータゲームはふさわしくないと判断した結果である。

コンピュータゲームを提供せず、ボードゲームが置かれているのは館長の信念

4 詩人と秋の森を散策するユニークな文化プログラム

ムンキニエミ図書館で行われる文化プログラムについて尋ねてみたところ、作家や研究者によるミニレクチャーが人気で、「ソクラテス・カフェ（Sokrates-Kahvila）」と呼ばれる哲学講座が住民に支持されており、長く続いているという。インフォメーションの掲示を見ると、次回のテーマは「事実と現実（Totuus ja todellisuus）」となっていた。

この哲学カフェ、元々は利用者からの発案ではじまったプログラムとのことだった。プログラムを実施するにあたり、講師に支払うごく少額の謝礼や、参加者に提供するコーヒーとお菓子代は図書館の予算から念出している。

今回、ヘルシンキ市図書館を回るなかで、「このプログラムは利用者が企画したんですよ」という言葉を何回か聞いている。ムンキニエミ図書館でも、住民から提案された「ソクラテス・カフェ」が八年も続く老舗プログラムとなっていた。

「この秋には、新しいプログラムがはじまります」と、サリさんが嬉しそうに話してくれた。それは、地元の詩人と一緒に森を散歩する文学プログラムである。このプログラムに合わせて、詩に絡めた音楽や対話、図書展示、子ども向けのプログラム、そして小さなパーティーを館内で開催するという。プログラムの中心となる詩人のなかには、現在、詩を書きながらムンキニエミ図書館で働いているミーカ・オサミツ（Miika Osamitsu）さんもいる。

実は、図書館の文化プログラムとして詩を取り上げることにはとても重要な意味がある。どんな社会にも必ず詩は存在しているのだが、文学のジャンルとしてはマイナーな存在になってしまっているからだ。

公共図書館は利用者になるべく広い文化表現を提示する役割を担っているので、北欧ではマイナーなジャンルである詩に親しんでもらうことを意識した活動を行っている場合が多い。たとえば、ノルウェーでは県立図書館が利用者に毎週一つずつ詩を配信していたし、一〇年前にフィンランドを訪問したときに訪ねたパシラ図書館（六三ページ参照）には、詩集が書架一杯に並べられた「詩の部屋」というものがあった。

折しも、筆者が訪問した翌週には、詩のフェスティバルである「ルノクウ（Runokuu）」の開催が予定されていた。詩人、ミュージシャン、アーティストがさまざまなパフォーマンスを行う文化イベントである。どこの図書館にも、このイベントのパンフレットが置かれていた。ＰＲ用のポストカードには詩の一節を紹介するという力の入れようである。メイン会場では、即興詩の創作や映像とのコラボレーションなどの前衛的なプログラムが実施される予定となっていたほか、複数の図書館では詩をテーマとするプログラムも実施されるという。

後日、ミーカさんに詩人と森を散策するプログラムについてメールで尋ねたところ、次のような返信があった。

「森の詩」という名前で二つのイベントを行いました。一回目は九月下旬に屋外で実施され、近くの海や森まで歩いて詩を朗読しました。参加者は二〇名ほどでした。二回目のイベントは一〇月下旬に図書館内で行い、参加者は一五人ほどでした。プログラムの評判はとてもよく、来年の春に今度は「春の詩」という名称でイベントを行う予定です。

マイナーな文化ジャンルである詩のプログラムにもかかわらず、利用者には好評だったようだ。詩人と海辺を歩きながら詩を朗読する……フィンランドの海岸や森を思い出すと、遠く離れていてもプログラムの様子をありありと想像することができた。

詩集を集めた小部屋（パシラ図書館）

Aavikoitunut maa
jota taivas vakoilee:
Ihmiset muuttavat, eivät muutu.

詩のフェスティバル
「ルノクウ」のPRハガキ

5 スローメディアとしての図書館

インタビューのとき、「これは私の一押しの飲み物」とサリさんが自信をもってすすめられたのはオーガニックのりんごジュースだった。ヨーロッパ北部ではさまざまな種類のりんごが収穫されるので、ソフトドリンクと言えばりんごジュースと決まっていて、筆者もいろいろな種類のりんごジュースをこれまでに飲んできたが、このジュースは目が覚めるほどおいしかった。そういえば、サリさんが身に着けている洋服やアクセサリーも、ひと目で自然素材を利用してつくられたものであることが分かる。ライフスタイルにも、サステイナビリティの精神が貫かれているようだ。帰国後、サーリさんから送られてきたメールには次のようなことが書かれていた。

この世界で、環境問題以上に深刻な問題があるでしょうか。サステイナビリティの追求にとって、図書館はとても適した場所だと私は考えています。しかしながら、フィンランドの図書館界が進めている環境問題への取り組みは十分なものとは言えません。むしろ、テクノロジーで図書館サービスを進化させる方向にエネルギーをつぎ込んできました。でも、現時点でもっとも重要なことは、気候変動を抑えて地球を維持していくことではないでしょうか。

図書館界では、グリーンライブラリーへの志向が高まっている。地球温暖化への懸念を図書館での具体的な行動で示していこうと、サステイナビリティを図書館運営の最優先に掲げて施設・設備を施したり、館内のエネルギー消費量を抑える仕組みを考えたりするほか、利用者にもサステイナビリティについての啓発活動を行っている。そもそも、図書館は資料を他者と共有する点において本質的にサステイナブルな存在である。

サステイナビリティは二一世紀の最優先課題であるから、これに疑義を唱える人はいないだろう。だが、テクノロジーを駆使して利用者にサービスする「最先端の図書館」とは対極にある、読書と思索を中心とする「伝統的な図書館」をいったいどれぐらいの人びとが支持してくれるのだろうか。おそらく、図書館が最新技術を取り入れながら進化していくことを期待する人のほうが圧倒的に多く、むしろサリさんのような考え方は劣勢と言えるだろう。

ムンキニエミ図書館は、サリさん個人のとてつもない努力によって維持されている。テクノロジーに傾注し、変化の早い現在のフィンランドの図書館のなかで、サリさんの「スローライブラリー」は異色であり、完全に時代遅れである。実際、ほかの図書館の司書と意見がぶつかることも多いそうだ。

「私がここにいる間はこのスタイルを貫きます。でも、そのあとは分かりません」とサリさんも言っていたし、一緒に働いている同僚も、「館長は伝統的な図書館をムンキニエミ図書館で実現することに強い信念をもって実行してきたし、ほかの職員や利用者も現在の図書館のあり方を支持している。でも、それは、はっきり言ってヘルシンキ市図書館全体の方向性とは違っています」と言っていた。

　客観的に見ても、サリさんの打ち出す方針に対しては否定的な意見をもつ図書館職員のほうが多いだろう。そもそも、「アナログVSデジタル」とか「静寂VS賑やかさ」といった二項対立的なとらえかた自体が図書館界から消えつつあるからだ。

　でも筆者は、世の中に「時代から取り残された」公共施設があってもよいのではないかと思っている。音声や映像メディアに比べると図書館の影響は穏やかだし、図書館を使用することによってすぐに何らかの成果が出るというよりも、多くの場合、図書館を使った人の内側でゆっくりと醸成し、一〇年、もしかしたら三〇年後に成果が出てくるのではないだろうか。図書館は、そういう時間の長さを許してくれるスローメディアなのだ。だから、わざわざ「スローライブラリー宣言」をする必要がないとも言える。

セルフサービスの水差しと行事案内のポスター

図書館は落ち着いて読書ができる場所

しかし、サリさんからすれば、このような伝統がおざなりにされているという危惧があり、あえて「宣言」という形を取ったものと思われる。テレビやコンピュータが発達してもラジオが生き残ったように、メディアの多様性は私たちの社会を豊かにしてくれる。そのように考えつつサステイナビリティの観点から見れば、伝統的な図書館はもっとも先進的な未来の図書館の姿を示していると言えるかもしれない。

第7章

公立学校の図書館と公共図書館の一体型モデル

——サウナラハティ図書館とカウクラハティ図書館

コンパクトな空間に図書館機能が詰まったカウクラハティ図書館

公共図書館が学校図書館の役割を果たすことの多いフィンランドでは、学校の敷地内に公共図書館が設置されているというケースも珍しくない。本章では、学校と一体化した公共図書館である「サウナラハティ図書館（Saunalahden kirjasto）」と「カウクラハティ図書館（Kauklahden kirjasto）」を紹介していきたい。

1 公立学校内に設置された公共図書館

サウナラハティ図書館に行くには、ヘルシンキから地下鉄の最終駅となるマティンキュラ（第3章のイソ・オメナ図書館のあるところ）まで行き、そこからバスに乗り換えることになる。バスは西へと、白樺林をどんどん進んでいく。途中で視界が開けたかと思うと、そこは湖で、係留されているヨットがたくさん見えた。いかにもフィンランド、という光景である。

三〇分ほど経ったところで、目的地であるサウナラハティ総合学校に到着した。住宅地として開発が急ピッチに進むサウナラハティは、建設中のマンションが立ち並んでおり、人口が急増している地域だ。新住民となっているのは、若いファミリーと家賃の安い高齢者用住宅に引っ越してきた高齢者という。高齢者といっても、みんなまだまだ元気なアクティブシニアである。

サウナラハティ総合学校（Saunalahden yhtenäinen peruskoulu）は、二〇一二年八月一日に開校した。木とレンガをうまく組み合わせたユニークな建築様式が印象的なこの学校は、新しいコミュニティの中核的な存在として地元とのつながりを重視している。そんな学校に併設されているのがサウナラハティ公共図書館である。

今回、図書館の案内をしてくれたのはピア・ゴース（Pia Göös）さん。広告代理店から図書館に転職したという、変わった経歴をもつ気さくでエネルギッシュな職員だった。「なぜ、図書館員にキャリアチェンジしたのか」と尋ねたところ、次のように答えてくれた。

「前に勤務していた会社では、とにかく売り上げのことだけを考えなければなりませんでした。どうやったら人びとにモノを買ってもらえるのか、そればかり考えていたんです……そんな毎日を送るなかで、もっと別な形で社会にかかわりたい、はっきりと社会に貢献できている実感がもて

サウナラハティ学校の外観

ピア・ゴースさん（写真提供：本人）

る仕事をしたいと思って……そして、職業を替えたんです」

さらに、「それにね、今はやっと十分な睡眠時間が取れるようになったんですよ」と、生活上の変化を嬉しそうに報告してくれた。

まずは、ピアさんに学校を案内してもらうことになった。建物のデザインに負けず劣らず、学校の内部も最先端のデザインにあふれている。広々としたランチルームは講堂も兼ねていて、フレキシブルな空間として使うことができる。各教室には電子黒板が標準装備されており、四、五人が向かい合って学ぶことができるように机と椅子が並んでいる。

全員が黒板に向かって着席するといった講義スタイルとは異なっているが、これはグループ学習が基本になっているためで、フィンランドではごく普通のことである。一人ひとりの進み具合に合わせて教師が授業を進めていくので、このような机と椅子の配置が適している。

校内の様子。右奥が図書館のスペースとなっている

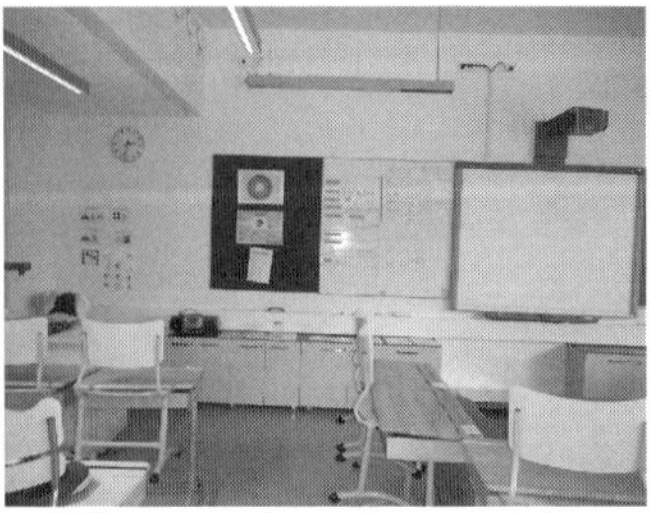

低学年の教室。電子黒板はどの教室にも必ず備え付けられている

2 学校図書館が公共図書館に早変わり

私がサウナラハティ図書館を訪れたのは一三時過ぎだったので、図書館は授業が終わった低学年の子どもたちで立錐の余地もないくらいだった。というよりも、床に子どもたちがぎっしりと座っているのだ。職員のデスクのところで、何やら熱心に話し込んでいる子どももいた。

子どもたちが少なくなった午後三時、学校と図書館との透明な仕切り扉が開いて、今度は地域住民のための時間がスタートする。開館を待ち構えていたように、住民が次々と入ってきて図書館を利用しはじめた。コンピュータを使う人もいれば、本を探す人もいるし、雑誌コーナーでゆっくりと読書をする人もいる。それぞれのやり方で図書館を利用している住民の周りを、学校に残っている子どもたちが駆け回っていた。サウナラハティ公共図書館では、そんな光景が日常的なものとなっている。

開館時間になると学校との透明な仕切り扉が開いて公共図書館に。右側に仕切りが収納されている

秘密基地のようなスペースで遊ぶ子どもたち

3　図書館はフェイクニュースに真っ向から対決する場所

ピアさんには図書館で行われている読書関係のプログラムをひととおり説明してもらったのだが、彼女は子どもたちのメディアとの付き合い方にとても関心があるということで、インタビューの後半は、現在進行中のメディアリテラシーに関するプロジェクトの話が中心となった。

図書館はメディアを介した情報アクセスを保障する機関であるため、住民への情報や資料の提供に加えて、メディアの適切な使い方を教えることがとても大切な業務となる。さらに図書館は、「情報との付き合い方」を学ぶ場所でもある。つまり、情報の入手方法だけでなく、入手した情報が信頼できるかどうかを見極める方法についても知ることができる場所なのだ。そのことを象徴するかのように、書架には「偽ニュースを見極めるには」というポスターが貼ってあった。これは二〇一七年に国際図書館連盟が全世界の公共図書館に向けて作成したポスターであり、二〇一九年八月現在、約四〇の言語に翻訳されている(1)。

ポスターには、フェイクニュースを見破るための、シンプルなチェックリストが八つ示されている。どの項目も重要だが、八番目が「専門家に尋ねよう。司書に訊いてみよう。事実をチェックできるサイトをみよう」となっていた。図書館がフェイクニュースとは対極にある機関であることをアピールし、フェイクニュースを見抜くためにに司書の力をどんどん借りようという提言である。

4　コンピュータゲームは図書館で楽しもう

メディアリテラシーに関心をもつピアさんが現在もっとも熱心に取り組んでいるテーマが、図書館におけるコンピュータゲームの提供方法である。北欧の公共図書館にはコンピュータゲームが必ず置かれているのだが、その理由は以下の二つとなっている。

（1）国際図書館連盟「偽ニュースを見極めるには」
https://www.ifla.org/publications/node/11174

国際図書館連盟が作成した「偽ニュースを見極めるには」が書架に貼られている

❶コンピュータゲームは、図書や視聴覚資料と同様、図書館コレクションの一部でありサービスの対象物である。
❷高額なコンピュータゲームを購入するだけの経済的な余裕がない家庭の子どもたちが、図書館で楽しむことができるようにするため。

どちらの理由にしても、図書館がアンテナを広げてメディア・情報を収集し、いったん図書館に置かれたコレクションに関しては最大限の利用を目指すという基本的な姿勢を示している。こうした図書館のコンピュータゲームへの考え方は、教育界におけるゲームへの認識を反映したものにほかならない。二〇一六年に導入された全国的なコアカリキュラム（九ページの注5を参照）は学校外の学習環境を重視したものになっているが、その学習環境のなかには、コンピュータゲームなどのバーチャル空間が含まれているのだ。

ピアさんは、「個人的には、子どもたちがコンピュータゲームを一人きりでなく誰かと一緒に、できれば大人と遊んでほしいと思っています。公共図書館は、そのためにもっとも適した場所です」と言っていた。

ゲームはメディア文化の一つであり、図書館コレクションの重要な要素と認識しているピアさんは、国立視聴覚研究所が中心となり図書館職員と研究者に執筆を依頼して完成した『ゲーム教育専門家のためのガイドブック——教育者のためのデジタルゲームとゲーム文化に関する情報（*Pelikasvattajan käsikirja: Tietoa kasvattajille digitaalisista peleistä ja pelikulttuurista*）』というガイドブックを教えてくれた[(2)]。

ガイドブックには「図書館におけるゲーム」という章がある。そこには、子どもたちにゲームの適切な使い方と楽しみ方を教えるだけではなく、子どもとゲームの関係に悩む教育関係者からの相談に乗り、アドバイスをするといった信頼度の高い教育機関としての図書館の姿が示されている。今や、フィンランドで図書館コレクションの一角をなすコンピュータゲームをどのようにコレクションしていくのか、どのように利用者に楽しんでもらうのか、また図書館はゲームリテラシー向上のためにどんなことができるのかについて、丁寧に書かれている。

このガイドブックを通じて、これまで多様なメディアを適切な方法で利用者に提供してきた図書館のメディアとの向き合い方が、コンピュータゲームにもそのまま当てはまるということが確認できたように思う。

（2）ガイドブックは英語版も刊行されている。J. Tuomas Harviainen, Mikko Meriläinen and Tommi Tossavainen, *The Game Educator's Handbook Revised International Edition*, 2015, 146p. http://www.pelikasvatus.fi/gameeducatorshandbook.pdf

5 第二の居間として図書館を使う

公立学校と一体化した公共図書館をもう一つご紹介しておこう。

カウクラハティ（Kauklahden）地区はヘルシンキから電車で三〇分ほどの場所にある自然豊かなコミュニティで、子どものいる家庭が多い地域である。カウクラハティの「Kauk」とはフィンランド語で「遠い」という意味があり、ヘルシンキからここまで来ると、確かに中心地域からずいぶんと遠ざかった感じがする。

カウクラハティ駅から五分ほど歩いたところにあるエスポー市ライシアム総合学校（Espoon yhteislyseon koulu）とエスポー市ライシアム高等学校（Espoon yhteislyseon lukio）の敷地内に設置されているのがカウクラハティ公共図書館である。サウナラハティ図書館が新興住宅地に設置された新しいタイプの図書館だとすると、こちらのほうは古くからあるコミュニティ図書館と言える。

子どもの人口が多い地域にある図書館で、学校や保育所との連携をとても重視している。館内は、天井をはじめとして木材がふんだんに使われているせいか、自然素材が醸しだす温かい雰囲気に満ちていて、とても落ち着いた気持ちになれる。一つのフロアに成人コーナー、ヤングアダルトコーナー、児童コーナーがバランスよく配置された典型的な小規模図書館である。

職員のキルタ・カリニエミ（Kirta Kariniemi）さんは、スタッフルームに貼ってある賞状を示しながら、図書館が二〇一五年にカウクラハティ地区協会（Kauklahti-seura）から表彰されたエピソードを披露してくれた。

毎年九月のカウクラハティ記念日に、地区に貢献した個人や団体が表彰されてきたのだが、カウクラハティ図書館は、地区に住む住民の生活に貢献したことによって表彰されている。キルタさんは、「ここの図書館は地域住民のリビングルームのようなものですから」と言っていた。そういえば、ウェブサイトにも「地元住民の居間のような図書館」と紹介されていた。居心地がよくて、近所に住んでいたら用事がなく

右側が市立の小中学校と高校・左側が図書館

ても毎日来てしまいそうな感じがする。

訪問したこの日は一六時に閉館したが、閉館後でも、セルフサービスで自由に使うことができるという。キルタさんが図書館を閉めたあとも若者や家族連れが次々にやって来て、自分の図書館カードを使って館内に入っていく姿を見かけた。地元の人にとってこの図書館は、まさに第二の居間となっている。

カウクラハティ地区は、町の中心にある教会やマーケットを囲むように住居が存在しており、エスポー市のなかで、今はもう珍しくなった古きよきフィンランドのコミュニティの佇まいをよく残している。図書館は決して大きいとは言えないが、住民が気軽に立ち寄れる文化施設として、町にしっかりと溶け込んでいる。

第8章

住民が自然に集まる図書館は元食料品店

——ポフヨイスハーガ図書館

花かごが利用者を歓迎するポフヨイスハーガ図書館

本章の主役は、ヘルシンキから北に向かって、電車で二〇分ぐらいのところにある小さな町の「ポフヨイスハーガ図書館（Pohjois-Haagan Kirjasto）」である。一九五二年に開催されたヘルシンキオリンピックを契機に、ヘルシンキ市の中心街が拡張された時代に住宅地として開発された地域で、現在では住民の高齢化が進んでいるところである。図書館はポフヨイスハーガ駅から歩いて五分ぐらい、小さな白樺の森を抜けたところにあった。

1 図書館は元食料品店

ポフヨイスハーガ図書館でインタビューを受けてくれたのは、館長から将来を嘱望されている若手職員のリーカ・ハルコネン（Riikka Härkönen）さんである。髪をピンクに染めて、お手製のライブラリアン・ベストを纏ったリーカさんは、見るからにエネルギーに満ちあふれた女性で、「なんでも私に任せて」というオーラを発していた。

「まずはインタビューを」ということになり、一緒に地下のスペースに向かった。ちょっと秘密めいた図書館の地下は職員の休憩室であり、成人の読書会を行う場所でもあるという。それ以外にも、図書館で使うさまざまな道具が置いてあるストックルームという役割もあるらしい。

地元のスーパーマーケットだった場所を一時的に借り受けて、ポフヨイスハーガ図書館がオープンしたのは一九七九年だった。仮住まいのまま四〇年が経過し、今ではすっかり地元の図書館として定着している。図書館の広さは三四六平方メートル、コレクション数は約二六〇〇〇点、若者向けの図書と児童書が貸し出しの約四分の一を占めているという。イベントの有無などによって増減はあるものの、平均して一万人以上の利用者が毎月訪れるというにぎやかな図書館だ。

古くからの住民が多かったこの地域にも、近年になって若い世代の家族や移民が増えているようで、図書館でも家族向けのプログラムに力を入れている。定期的なプログラムとして毎週木曜日の午前に開催されているお話し会と、水曜日の午後に開催されているコンピュータ講座のほか、読書会、作家の講演会、住民集会など多彩なイベントを開催している。

「小さい図書館なので、利用者はほとんどが顔見知りの人たちです。お互いをよく知っていて、利用者とはとてもうまくやっていますよ」とリーカさんは言う。もちろん、ポフヨ

リーカ・ハルコネンさん

イスハーガ図書館にも、ほかの図書館と同様に「元気のよすぎる若者」が訪れるのだが、問題を起こすようなことはほとんどない。それでも、図書館職員は地域の児童カウンセラーとはまめに連絡を取り合っており、何か問題を抱えた子どもがいる場合には、図書館で直接若者と話してもらうこともあるという。

2 IT支援と図書館職員

図書館の課題を尋ねると、リーカさんが真っ先に挙げたのは職員の数が足りないことだった。この地域には高齢の住民が多いのでIT支援に力を入れたいのだが、現在の体制ではその対応が難しいという。さらに、情報技術の進歩に図書館側が追いつけていないという面があるほか、IT支援を行う職員のスキルについてもリーカさんは「問題がある」と強く思っているようにうかがえた。

伝統的な図書館業務については高いスキルをもつが、最新の情報技術に関しては必ずしも十分な知識をもっていないベテラン司書については、ほかの図書館でも問題点として挙がっていた。ポフヨイスハーガ図書館の場合は、若手のスタッフやIT専門の職員がフォローしあって、こうした問題をカバーしているという。

　リーカさん自身は、新しいメディアやＩＴ技術に強い関心をもっており、図書館で新しいテクノロジーをどのように活用するのかについて思案することが何よりも楽しいと考えるタイプの職員である。

　ヘルシンキ市図書館では、多くの図書館が館内でタブレットやラップトップパソコンを貸し出すようになっているが、ポフヨイスハーガ図書館では、デスクトップ型のコンピュータ数台とワイヤーで固定されたタブレットが一台あるのみだ。リーカさんとＩＴの専門職員は、かなり厳しい条件にもかかわらず、館内の機器を最大限に活用して利用者へのＩＴ支援を行っている。

　インタビューを進めるなかで、リーカさん自身のキャリアについて話が及んだ。大学での専攻はメディアとコミュニケーションだったと話すが、その後二年間、図書館学を学んでライブラリーアシスタントの資格を得て図書館で働

利用者用端末はいつも埋まっている

くようになった。今はさらに上級キャリアを目指して、タンペレ大学の情報学課程で学び直しているという。ここで二年間の課程を修了すれば正式な司書資格が取得できるので、今は仕事と勉強で毎日がとても忙しいとも言っていた。

インタビューの四週間後には一二月に開館するオーディ図書館での勤務が決まっているリーカさんの配属先は、新図書館の中核的な部門となるメーカースペースである。情報技術は、彼女の得意とする領域である。いよいよ本領発揮ということで、「今から新しい仕事がとても楽しみ、すごくワクワクしています」と話してくれた。

ところで、リーカさんが着用していた制服代わりのベストがかなりカッコよかったので尋ねてみたところ、図書館のメーカースペースでつくったというお手製だった。図書館職員自らがメーカースペースを利用して制服をつくることで、まだまだ知られていない図書館の創作空間を利用者にアピールすることにもなるだろう。リーカさんは次のように力強く語っている。

「インターネットが出てきたときにも、図書館は真っ先にインターネットアクセスのサービスをはじめましたよね。メーカースペースもまったく同じことなんです。新しいメディアをまずは図書館で試してみるというのは自然な流れです」

リーカさんのようなＩＴ技術に対する抵抗感がまったくない若き職員が、これからのフィンランド図書館界を担っていくことだけは間違いない。

3 狭い空間で住民のニーズを実現する工夫

インタビュー後、リーカさんが館内を案内してくれた。入り口には除籍図書を安価で売却するワゴンがあるほか、地元のアーティストがつくった作品の展示スペースといったフィンランド公共図書館の定番コーナーがある。

館内の壁には極彩色で大きな鳥の絵が描かれており、あちらこちらに大ぶりの鉢に植えた植物が置かれてあった。そして、窓際には座り心地のよさそうな椅子が配置され、「セラピーライト」が置かれていた。北欧では秋冬になると極端に日照時間が少なくなるので、太陽光の不足による鬱症状の改善を図るために人工灯を浴びるという「ライトセラピー」が行われている。「セラピーライト」とは、そのための道具である。

スペースがかぎられた小規模図書館の場合、書架に置く資料も厳選する必要がある。住民の読みたい資料を揃えることはも

低書架の上に置かれた人工灯の「セラピーライト」

限られたスペースにバランスよく資料が置かれている

ちろんだが、情報アクセスを保障する図書館にとっては、大活字図書、多言語資料、地域資料なども欠かすことができない。ポフヨイスハーガ図書館には、そうした資料がバランスよく配架されている。

ふと、書架のなかに、雑貨がたくさん入ったプラスチックケースを見つけた。よく見ると、小型の電気製品、雑貨、食器、衣類などが入っている。不思議に思って尋ねてみると、このケースの正体はリサイクルコーナーだった。利用者が使わなくなったモノをここに持ち寄って、必要な人に持って帰ってもらうという仕組みである。

4 図書館はよろず屋さん？

この図書館がユニークな存在となっている理由がある。資料以外に、大工道具、粗大ゴミ出し用のキャリー、ペッ

リサイクルコーナー

トとの移動時に使うキャリーバックなど、「物品貸出」を積極的に行っているのだ。それらの品々を見ていたら、なんだか「よろず屋さん」に来たような気分になってきた。

「だって、大型の工具セットなんか、そんなに頻繁に使うものではないですよね。だから、必要なときに図書館で借りれば十分です」と、事もなげにリーカさんは言った。

物品の貸出棚に並んでいるのは日常用品だけではなかった。縄跳び、バトミントンセット、輪投げ、フリスビーなどといったスポーツ用品もある。「夏のゲーム・パック」と称して、公園で遊ぶためのセットも置いてあって、見ているだけで公園に行きたくなる。ちなみに、物品の貸出期間は一週間となっている。

フィンランドらしいなと思ったのは、ノルディックウォーキング用のポールが貸し出されていることである。ノルディックウォーキングとは、夏の間、クロスカントリーの選手が体力増強のために行うトレーニング方法として考案されたものだが、一般向けの健康法として一九九〇年代終わりからフィンランドで盛んになり、今や世界中で人気のエクササイズとなっている。日本でも、公園やハイキングエリアでポールを持って歩いている人をよく見かけるようになった。

ポールが置かれたスタンドのすぐ脇の壁には、一五〇センチから二〇〇センチまでの身長に適したポールの長さを示す表が貼ってあった。小柄な人も、大柄な人も、図書館にさえ来れば自分にぴったりのポールを借りることができ、そのままノルディックウォーキング・エクササイズに出掛けていくことができるのだ。

物品貸出用の棚から視線を少し横に移すと、「エチオピア」とメモ書きされたブックトラックを見つけた。「ここには、エチオピアに寄付することを目的として、住民から集めた図書や玩具などが置いてあります」と、リーカさんがすかさず説明してくれた。

図書館は一五〇年前から資料を共有するための場所だったから、何かをシェアするということは大得意である。小さな図書館であっても、ローカルに、そしてグローバルにモノを循環させる仕組みが自然にできあがっていた。

ノルディックウォーキング用のポールも貸し出している

5　賑わいと静寂が同居する空間

実は、ポフヨイスハーガ図書館には、お姉さんのような存在となるエテラハーガ図書館（Etelä-Haagan kirjasto）がある。館長も、この二つの図書館を兼務している。ポフヨイスハーガ図書館から一駅行ったところにあるというので、行ってみることにした。

エテラハーガ図書館もポフヨイスハーガ図書館に負けないぐらい地元密着型の図書館で、着いた夕方には利用者がたくさんいた。ハーガ小学校が隣にあるので、子どもの姿も多い。そういえば、半分にカットしたスイカを仲良く食べるという、大胆不敵

エテラハーガ図書館の入り口

な一〇代の若者二人に遭遇したのもこの図書館だった。これまでに訪れた図書館ではあまり貼り紙を見なかったが、ここでは、しっかりと注意書きがあった。

「ソファーの布地や図書館の本は、ココアやコーヒーを好みませんよ。だから、飲み物は別の場所で飲んでくださいね」

このように、さりげなくユーモアを交えて禁止事項が貼り出してあるのは、おそらく掟破りをする利用者が結構な頻度で訪れているからだろう。

こんな強者たちが自由気ままに楽しそうに過ごす傍らで、周囲の音がまるで気にならないかのように読書をしている人をこの図書館では何人も見かけた。そんなにも集中できるなんて、いったい何の本を読んでいるのだろうか……別の世界に入り込んでしまったこの人たちにとっては、おそらく静寂が保たれた読書室は不要なのだろう。

第9章 伝統に安住せず、挑戦を恐れずに前へと進む

図書館でゲームを楽しむマイノリティの子どもたち（エントレッセ図書館）

世界一意欲的に使われているフィンランド公共図書館、その秘密はいったいどこにあるのだろうか。最終章では、いくつかのトピックを取り上げながら、その秘密を解き明かしていきたい。

1 借りた本を友だちに「又貸し」しよう

フィンランド公共図書館を訪問中、これまでの経験してきた公共図書館の常識が打ち砕かれるようなさまざまな出来事に出くわした。手続きを踏んだ「又貸し（lainata kaverille omia lainoja）」[1]もその一つである。一般的には、自分が借りている図書を他人に貸すことは「図書館でしてはいけないこと」のトップに来るが、フィンランドではこの「又貸し」が自由にできるのだ。

よく考えてみると、自分が読んで感動した本を仲のよい友だちに読んでもらいたいと思うのはごく自然な感情である。また、それによって読書量や読書熱といったものが広がっていく。しかし、「図書館で又貸しはダメ」という慣習に縛られている場合、瞬時にこのような素敵なアイデアを打ち消してしまうことになる。ところが、フィンランドだと、「又貸しがダメなら、それを正当化してしまえばいいではないか」という発想になる。そして、図書館サービスのなかに、仕組みとして実際に取り入れてしまうのだ。

又貸し制度には、フィンランド公共図書館の関係者による合理的な考え方と、図書館サービスの核となる貸し出しへの前向きな姿勢がよく表れている。こうした柔軟性に富んだ発想は、フィンランドにおける図書館サービスの至る所で見られる。

利用者が「こんなサービスがあったらいいな」と図書館員にもちかけると、話を聞いた図書館員は同僚にすぐさまそれを提案して、「とりあえずやってみよう」と前に進めるのだ。決定に至るまでのスピード感や、実際の業務に結びつける行動の機敏さがフィンランド公共図書館に活力を与え、サービスを勢いづけている。

2　盗難防止装置なしでセルフサービス図書館が成立する理由

フィンランドの柔軟で合理的な文化を考えれば、手続きを踏んだ「又貸し」についてはすんなりと理解することができた。だが、フィンランド公共図書館で遭遇し、まったく理解できなかったことが一つある。それは何かというと、ほとんどの図書館に資料の無断持ち出しを防ぐための

（1）　フィンランド語では「自分の借りている本を友だちに貸す」という意味となっている。

盗難防止装置、「ブックディテクションシステム（Book Detection System：ＢＤＳ）」がなかったことである。

北欧諸国のデンマーク、スウェーデン、ノルウェーでは、ＢＤＳはほぼ一〇〇パーセントの設置率となっている。というよりも、北欧のセルフサービスを基調とする図書館サービスは、ＢＤＳの設置を前提として成り立っている。職員の手を借りずに自分で資料を借りたり、予約図書のピックアップをセルフサービスで行うのも、また購入するには難しい高額資料が自由に使えるのも、すべて盗難防止装置の仕組みがあってこそ可能となる。それだけに、フィンランド公共図書館にＢＤＳがないということは衝撃とも言えるぐらいの驚きであった。

もちろん、この疑問を解消すべく図書館職員に事情を聞いてみた。すると、次のような回答があった。

「二〇〇〇年代の初めには、いくつかの図書館がＢＤＳを設置しました。でも、うまく機能しないことが多かったんです。トラブルがいくつか重なって、結局は定着しませんでした」

そして、「フィンランドは正直な人が多く、みんな規則を守るんです。図書館の本は盗まれませんよ」と、モラルの高さを付け足すことも忘れなかった。でも、そこには例外が存在した。それはコンピュータゲームのソフトウェアである。残念ながら、ゲームのソフトウェアは盗難が続発したこともあり、とうとう図書館職員が直接利用者に手渡す方式に変わってしまっている。

一般のフィンランド人にも、ＢＤＳについて聞いてみた。

「フィンランドの公共図書館って、資料の無断持ち出しを感知するＢＤＳがついてませんよね？」

このときは、ちょうどショッピングモールにあるカフェでランチを食べていた。すぐ近くのブティックの入り口には、当然のことのように商品持ち出し防止のためのＢＤＳがあったので、「ほら、あそこにあるみたいなＢＤＳが公共図書館にはないですよね」と聞いてみたのだ。

「そうですね……。確かに、公共図書館の入り口にはないですね。でも、あなたに言われるまでそんなこと考えてみたこともなかった」という回答であった。

「それって、人びとがお互い信頼しあっているということですよね」とか「すごく成熟した社会ですよね」などと表現を替えて、ＢＤＳがないことが北欧の図書館ではいかに「常識外れ」のことなのかをいろいろな表現で伝

セルフサービスの時間帯に図書館に入っていく利用者（カウクラハティ図書館）

えようと試みたのだが、彼女にとっては、おそらく最後までなぜそんなにもＢＤＳの存在にこだわっているのか分からなかったと思う。

　とにかく、ヘルシンキ市やエスポー市の図書館ではＢＤＳがほとんど設置されていない。その状態で、セルフサービスで図書館を使う「オープンライブラリー」の制度を導入する図書館が増えているのである。

　オープンライブラリーは、図書館と利用者、そして利用者間の信頼関係があるからこそ可能なものであり、社会信頼度が世界でトップのデンマークがこの方法を世界で初めて導入して成功させたのは、それほど不思議なことではなかった。デンマークに追いつけとばかりに、北欧そしてオランダも、次々にオープンライブラリーを導入している。ただし、利用者の安全や施設の備品を守るための防犯カメラと、資料の無断持ち出しを防止するＢＤＳの設置が前提となっている。

　デンマークで初めてオープンライブラリーの制度が導入されたとき、それは公共図書館の文化的成熟の最終段階のように見えた。しかし、フィンランドは、盗難をはじめとするトラブルがありながらも、ＢＤＳという必須条件を満たさないままオープンライブラリーをスタートさせてしまっている。このことは、テクノロジーに守られたデンマークのオープンライブラリーよりもさらに「オープンな図書館」と言うことができる。

　それにしても、ＢＤＳなしのオープンライブラリーを成立させている要因は何であろうか。おそらく、マッティ（六ページ参照）のような真面目で礼儀正しい気質をもつフィンランド人の文化が重要な要因の一つとなっていることは間違いないだろう。

3 図書館が図書館としてあること

ひたすら居心地のよさを追求する二一世紀の公共図書館というトレンドのなかで、フィンランド公共図書館がヨーロッパ北部のほかの国に比べてカフェの設置に代表されるような心地よい空間づくりにそれほどこだわっていないことについては、何か心に引っかかるものを感じていた。

フィンランドの都市圏ではショッピングモールに図書館を誘致するケースが多いが、そうした図書館は大規模であるにもかかわらず館内にカフェがないというケースが多い。図書館では食べ物や飲み物の持ち込みが許されているから、とくに飲食物を提供する必要がないし、もし必要であれば、ショッピングモールに出店しているカフェを使えばよいということだろう。そんなフィンランド公共図書館のカフェへのこだわりのなさが、「図書館が図書館としてあること」の基本を示していると考えられないだろうか。

図書館が図書館としての機能だけで人びとを惹きつけている国、それがフィンランドである。

デジタル化と市場化の奔流のなかで生き残るために、今、公共図書館は情報アクセスや知識保存の場といった伝統的な機能に価値を追加する必要性に迫られている。その一例が、ショッピングモールに入っているカフェに負けないようなハイクオリティーなコーヒーショップを館内に設けることであったり、読んだ本をその場で購入できるようにすることだったり、居心地がよいだけでなくスタイリッシュな空間を提供することだったりする。つまり、従来の図書館らしくないことが図書館に求められているのである。市民にとって依然として重要な図書館の要求を軽視してまで、目新しさを追い求めてしまうケースさえ見られるということだ。

逆の流れもある。商業主義に取り込まれていく図書館を危惧するあまり、今まで行ってきた図書館サービスに固執し、社会的に隔絶された状態で「孤立化」することも厭わないという考え方を強めるという傾向である。これは、市民のニーズや社会の変化を無視してまで伝統的な図書館のあり方を追い求めてしまうケースであると言える。

フィンランド公共図書館には、そのどちらでもない別の空気が流れている。それは、本が一冊もない分館をつくったり、図書館での音楽活動を推奨したりと、フィンランドでは図書館を重視しながらも「図書館らしくない図書館」が存在してきたことに関係している。図書館がトレンドに追いつくのではない。図書館こそがトレンド・メーカーなのだ。

4 「無料」のサービスにこだわるのは「平等なサービスを提供するため」

もちろん、フィンランド公共図書館もたくさんの問題を抱えている。新しい試みを、あらゆる可能性を議論したうえで実施するのではなく、「まずはやってみる」とか「問題が起きた場合は、その時点で検討する」といった姿勢が、館内での問題を引き起こす原因となることもある。

たとえば、エスポー市では、二〇一七年から二〇ページ分のコピー料金を無料にした。その結果はといえば、二〇ページを超えて大量にコピーを取る利用者が現れ、コピー機の周りにはミスコピーの紙が散乱してしまったという。制限枚数を超えてコピーしている大人の姿を見た子どもが、それを真似して大量のコピーを取るのは、いわば当然の成り行きだろう。コピー料金の無料化は、「自律的な行動をする利用者」という前提がうまく働かなかった例と言える。

このような例は、図書館だけの問題ではない。フィンランドでは、学校や図書館に子どもたちが自由に使える文房具が用意されている。使い放題の文具に慣れてしまっている子どもたちに、モノを大切にしようとする気持ちをもってもらうことは難しい。コピーの無料化にともなって生じた問題は、利用者の振る舞いが、サービス提供側が想定している利用者像とは異なったものであることを示している。

貸出しに関しても問題が生じている。二〇一九年の一月から五月にかけてヘルメット・ネットワークに寄せられた約一二二万の予約件数のうち、一三パーセントが未受領だった。つまり、読みたい本を予約して最寄りの図書館に届けてもらったにもかかわらず、取りに来なかった利用者がかなりいたということだ。

図書館でも、この事実をもちろん課題としており、解消に向けて取り組んでいる。ウェブページや持ち帰れる栞で予約のキャンセルや保留方法を改めて説明したり、館内に注意喚起のポスターを貼ったり、デジタルサイネージで説明を流したりする「予約はキャンセルしてもいいんだよキャンペーン」も行われている。

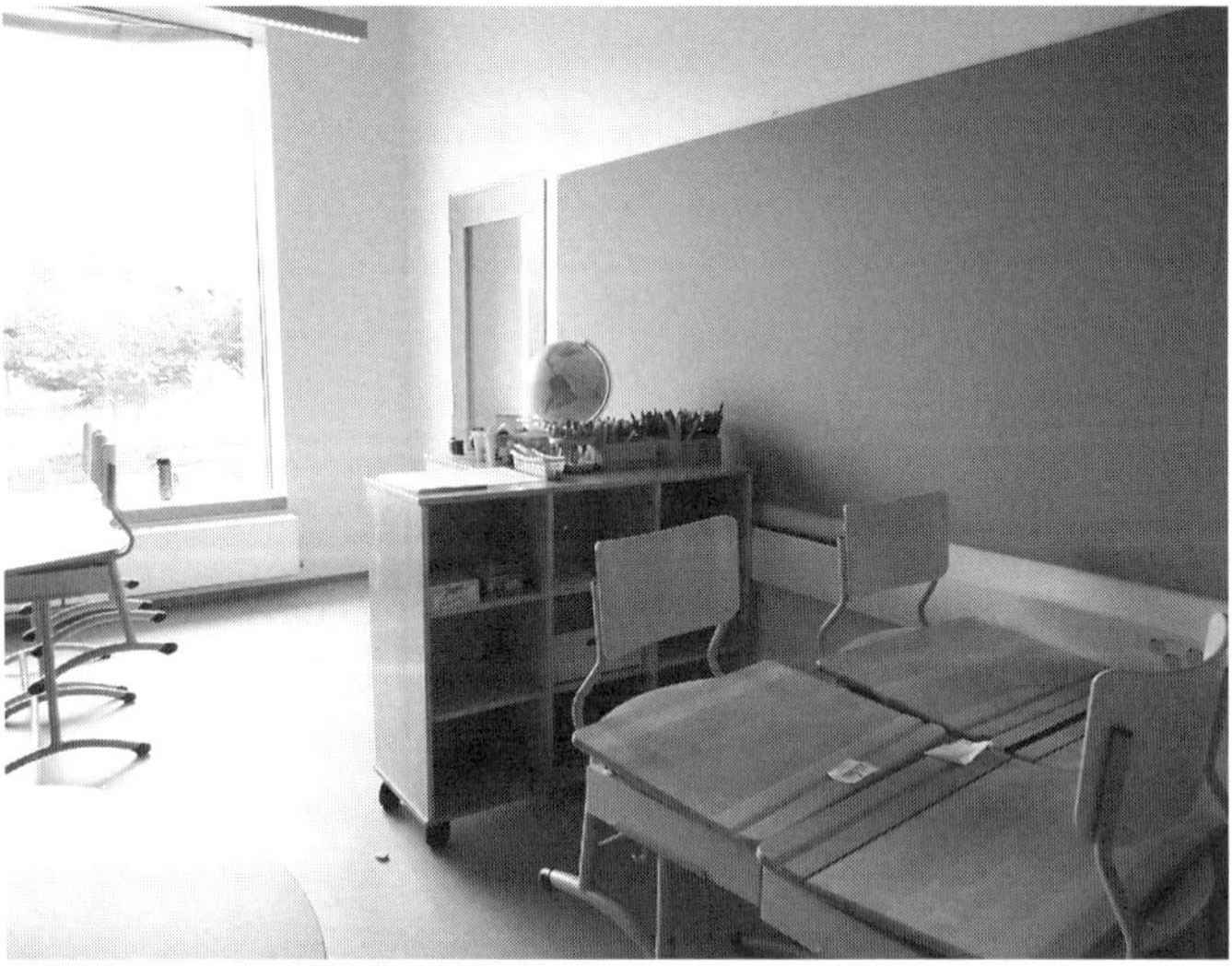

教室にも自由に使える文房具がふんだんに備え付けられている（サウナラハティ図書館）

フィンランド全体で見ると、予約料金や受け取りに来なかった場合の罰金を取る図書館が一般的である。しかし、それでも課金しないのは「平等なサービスを提供するため」という返事がどの職員に聞いても返ってくる。それには次のような理由がある。

ヘルメット・ネットワークは、全体で一つのコレクションと考えられていて、各館で完全なコレクションを揃えることがそもそも想定されていない。利用者が自分の読みたい本を求めて、図書館に公共交通機関を使って自力で移動したとする。あちらで一冊、こちらで一冊……と集めて回ると時間がかなりかかってしまう。高価な本もあるし、高校や職業学校の教科書を借りに来る利用者も多くいる。たとえ配本された本を取りに来ない利用者がいたとしても、市民の学習を支えるために予約配本サービスは必要なことだと考えられている。

むしろ、予約配本サービスを無料とするヘルメット・ネットワークが珍しいと言える。配本サービスだけでなく、コピー・印刷、メーカースペースで使う材料費まで無料のエスポー市図書館は、さらに稀なケースであると言える。

そこまで無料にこだわる理由はどこにあるのだろうか。エスポー市では、図書館の存在意義が問われるなかで、とくに予算獲得の根拠として実際に図書館を訪問する来館者数やサービスの利用者数は重要で、予約にかぎらず図書館利用の障壁を下げることが重要なテーマとなっている。

きちんとした統計はないが、日々の業務に携わっていると、公共図書館の利用者は低所得者が多いと感じられる場面に遭遇することが多い。人気の高い本やゲームは、予約しても実際に借りられるまでに半年間も待たなければならないことがよくある。こんなとき、経済的にある程度余裕があれば、図書館に頼らずともすぐに購入することが可能である。

フィンランドでも所得格差がじわじわと広がっていて、経済的にも精神的にも余裕がある保護者をもつ子どもたちは習い事に大忙しとなっている。一方、経済的に困難を抱えている家庭の場合は、子どもたちを習い事に通わせることができないし、公的サービスに頼る割合が相対的に高くなる。それゆえ、生まれた家庭に左右されないように子どもたちをサポートすることは社会の責任だという理念がフィンランドでは浸透している。なかでも、文化格差を埋めるのが公共図書館の使命となっている。

時間をもて余した子どもたちがふらっと図書館へ来て、遊びの延長で3Dプリンターを使いこなせるようになっていくのを見ると、大学まで学費が無料というフィンランドの公教育制度の延長に公共図書館がしっかりと位置づけられていることを実感してしまう。残念ながら、際限なく印刷する（時には、本一冊まるごと！）などシステムを悪用する大人がいるが、どんな制度設計をしてもそのようなケースがゼロにならないことを考えると、「全部無料」というエスポー市の寛容な方針はフィンランドの文化や平等の理念に通じているように感じられる。(2)

5 社会的包摂と公共図書館

図書館内の業務にだけでなく、外部にも問題は存在している。その一つが、図書館サービスの到達範囲に関する課題である。公共図書館においてもっとも重要な目標である「すべての人を包み込むサービス」は、フィンランドではどれぐらい達成できているのだろうか。図書館サービスを必要とする人は、誰もがみんな公共図書館に到達できているのだろうか。

ヘルシンキの中心からバスで二〇分ほど行った郊外の町にある「マウヌラ図書館（Maunulan kirjasto）」でのことだ。社会的な問題を多く抱えている地区において、コミュニティ再開発の中核的な機能を期待された図書館が、ショッピングセンターに隣接した複合施設のなかに二〇一六年一二月にオープンした。複合施設である「マウヌラハウス（Maunulatalo）」には、図書館、青少年部門、成人教育部門、NPOが経営するカフェが入っている。住民参加型の施設運営を特徴として、各機関が連携して地域住民のニーズにこたえることを目的として造られた。

（2）エスポー市図書館で利用者が料金を払わなければいけないのは、延滞料、補償、遠隔サービスのみで、メーカースペースの資材などはすべて無料である。

そんな新しい図書館の前に五、六人の住民がたむろして、ひっきりなしにビールを飲んでは威嚇的な声を出しているという光景を見かけた。毎日、図書館の前でビールを飲んでは長い時間を過ごしているのだが、自分たちにとっては図書館など関係ないという感じであった。

だが、この話には後日談がある。マウヌラ図書館の職員にインタビューしたとき、実は図書館の前にたむろしてアルコールを過剰に摂取していた人びとは図書館の利用者であった。司書はそのことを把握しており、彼らとも時折会話をしているほか、館内での行動についても認識していることが分かった。図書館から遠い存在に見えた住民との間にも、職員は関係性を築いていたのである。

それでもなお、必要なのに図書館に到達できていない人がフィンランドにはたくさんいる。そして、すでに利用者となっている人よりも切実に、図書館サービスを必要としている人たちがそこに含まれている。その人たちに来館してもらうことは今後も図書館の重要な仕事になるだろうし、図書館だけでは達成できない困難な挑戦ともなる。だが、盗難防止装置なしでオープンライブラリーに踏み切るなど、思いも付かないような方法で課題を飛び越えてしまうフィンランドの図書館のことである。おそらく、私たちを驚かせるような方法でこの難しい問題に立ち向かっていくことだろう。

フィンランドでは、二〇一六年から二〇一八年まで「ベーシックインカム」の給付実験を行っている。ベーシックインカムとは、個人が一定額の生活費を無条件に定期的に受け取る制度である。考え方自体は古くからあるものだが、実際に制度として導入されたことはない。興味深いのは、フィンランドではこの制度を単に失業者のための手当とするのではなく、「働くことをより広くとらえる可能性」として認識している点である。「労働」イコール「雇用」、「労働」イコール「報酬」という従来の考え方を大きく転換して、ケアにかかわる活動やコミュニティ活動、そして芸術活動など、社会にとってなくてはならない本質的な活動を労働として包含していこうとする壮大な視座がそこにある。(3)

ベーシックインカム制度の実験は、常識を打ち破りながら前に進むフィンランドを象徴している。そこに見えるのは、「日々の生活を通して自分の幸せを実感できる社会」をつくろうとす

(3)　山森亮「ベーシックインカムの展望　仕事の定義・活動の場広げる」日本経済新聞、二〇一九年三月八日付朝刊

コミュニティ再開発の中核施設として構想されたマウヌラ・ハウス

複合施設の中心的存在となった図書館

るフィンランドの姿である。個人を何よりも尊重し、それを基盤にして社会をつくっていこうとするフィンランド社会のあり方は、そのまま公共図書館のあり方にも投影されているように思える。そして、情報アクセスを保障し、住民のすべてに知識を平等・公正に提供する公共図書館自体が、フィンランドの目指す社会をつくるために重要な役割を果たしていると言える。

6 フィンランド公共図書館の秘密

本書を通じて、私たちはフィンランドの公共図書館で提供されるさまざまなサービスと勢い、よく図書館を使う人びとの様子を見てきた。そこには、質・量とも豊かな図書館サービスとサービスを支える図書館職員の配置、そして、それらを可能にするだけの財政的基盤が存在している。なぜ、フィンランドはここまで公共図書館に投資をするのだろうか。サービスの提供側である図書館職員に尋ねてみると、次のような答えが返ってきた。

・長年にわたって図書館法で全自治体への設置が義務づけられているから。
・図書館設置が図書館法で定められているのは、フィンランドにおける平等の概念に基づくものだから。

・基本的な公共図書館サービスがすべて無料であるから。
・フィンランドの人はみんな図書館のことが好きだから。

これらの回答は、まさに「自治体直営」、「すべての人へのサービス」、「無料」という公共図書館の普遍的な原則に当てはまる。新自由主義の影響が強い国ではここに挙げた三原則が揺らぎはじめているが、フィンランドの場合はこれらの原則がしっかりと確立しているのである。とりわけ、「すべての人に無料のサービスを」という公共図書館の理念は、フィンランド社会の目標である平等の概念にぴったりと重なっている。そして、市民も図書館のことを愛しているということだ。つまり、フィンランドでこれほど活発に図書館が利用される理由として確実に言えることは、フィンランド社会の目標である平等の達成に公共図書館が直接結びついているという点である。

公共図書館は、すべての住民に情報と文化へのアクセスを保障する公共機関である。二一世紀に生きる私たちにとって、情報と文化へのアクセスは生きていくことと同義と言えるぐらい重要なこととなっている。日本の文脈では、災害時に電気、水と同様にスマートフォンへの電波と電源供給が急がれることを鑑みれば、その重要性も想像に難くないだろう。これは、生活のすべての場面で情報にアクセスし、それらを取捨選択し、状況にあった判断をする必要があるからだ。

公共図書館は情報アクセスへのもっとも敷居の低い公的なアクセスポイントであるが、フィンランドではどのような地域にも公共図書館があるため、情報と文化へのアクセスが文字どおり一〇〇パーセント保障されている。

また、公共図書館は切れ目のない生涯学習を約束する場所でもある。フィンランドの義務教育は総合学校の卒業、あるいは一六歳になった時点で終わるが、その後の長い人生を支える学校が公共図書館である。フィンランドでは、すべての人が自らの能力を発揮し、自分が納得できる生き方を達成するために、生涯にわたって自由に学ぶ権利が保障されてきた。つまり、学校を基盤としてあらゆる学びの機会が用意されており、生涯学習を支えている。その生涯学習施設のなかで、もっとも重要な機関の一つとして公共図書館が存在しているのである。無料の公共図書館があることで、人は学びたいときに躊躇することなく学びを再開することができる。そして、今では、高次元な文化と言えるエンターテインメントの場も図書館は人々に提供しているのだ。

世界大戦や大国との関係に翻弄され、厳しい自然環境のなかで経済的に貧しかったフィンランドが、公共図書館をはじめとする強靭な文化保障制度をつくり上げるまでには長い年月がかかっている。その決して平坦ではない道のりがゆえに培われた創造的な文化は、フィンランド公共図書館にも根付き、市民とともに革新的なサービスを追求し続けてきたのである。

図書館は、常に社会を映し出す鏡である。世界的に注目を集めるオーディ図書館（第２章参照）は、二一世紀に生きる私たちとメディアとのありようについて、少し先に見える光景を鮮やかに示してくれている。幸運にもオーディ図書館に通うことができた子どもたちは、新しいテクノロジーを使って、この社会をより良く生きるためのアイデアを形にしてくれることだろう。オーディ図書館には、そのように期待できるだけの施設と資料が揃い、何よりも子どもたちに負けないくらいの好奇心でこれからのメディアの可能性を見いだすことに喜びを感じる専門職員が今日も利用者を待っている。

一方、エントレッセ図書館（第５章参照）の日常からは、移民がフィンランド社会に必死になって根づいていこうとする様子と、そのときに起こるさまざまな軋轢と葛藤、そしてそれを何とかして超克《ちょうこく》しようとする図書館側の取り組みが伝わってきた。もちろん、それ以外の図書館もコミュニティの拠り所となるような文化拠点を目指して図書館サービスの可能性をノンストップで追い求め続けているし、住民もまた、そんな図書館側のサービスにこたえるかのように図書館を意欲的に利用している。

個性的な図書館サービスが幾重にも重なることで、フィンランド社会の文化的セイフティーネットは確実に厚くなっていく。だから、図書館は多様であってよいし、多様であればあるほど図書館サービスを享受できる人が増えていくことになる。

本書で紹介した図書館がまったく違う個性をもっていることは、まさにフィンランドの図書館文化の厚みを示す証ともなろう。この幾重にも重なったフィンランドの図書館は、人々の人生のあらゆる場面に自然と入り込んでくる。二一世紀を生きる人びとの生活と社会が変われば図書館も変わる。そして、実際にフィンランド公共図書館は、伝統に安住することなく新たな挑戦を恐れることなく前に進み続けている。さらに、決して止まることなく、市民をリードしながら伴走するかのように目指すべき次の場所を探しているのだ。「情報と文化へのアクセスの保障による社会的平等の実現」、「切れ目のない生涯学習への約束」、「既成概念に捉われない革新的サービスの創造」が、フィンランド公共図書館の躍進の秘密である。

終章

どこに住んでいても図書館サービスは平等

——地方の公共図書館

雪に覆われたペルトゥンマー図書館

1 湖畔にたたずむペルトゥンマー図書館

フィンランドは「森と湖の国」と呼ばれ、人びとの生活は森と湖なしには語れない。フィンランドの陸地面積の七五パーセントは森となっており、第1章でも述べたように、湖の数は一八万八〇〇〇個とも言われている。とくに、東部の湖水地方（Järvi-Suomi）には最大の面積をもつサイマー湖（Saimaa）水系が広がっており、この地方では陸地面積よりも水面面積のほうが広くなっている。

湖水地方は、陸地部分の八割が森に覆われており、どこまでも森と湖という風景が続く。サイマー湖岸の長さは一万四〇〇〇キロメートルを超え、湖岸にはヨーエンスー（Joensuu）、ラッペーンランタ（Lappeenranta）、ミッケリ（Mikkeli）、サボンリンナ（Savonlinna）といった町が点在している。さて、ここで紹介することになるのは、そんな湖水地方の湖畔にたたずんでいる公共図書館だ。

ヘルシンキから北東に国道5号線を約一七〇キロ北上すると、このあたりの商業の中心となっているクオルッティ（Kuortti）という町に着く。少し行って、サービスエリアが見えてきたところで支線に入る。ほとんど対向車も通らない田舎道を不安になりながら一〇キロほど西に進むと、ペルトゥンマー村の行政機能があるキルコンキュラ（Kirkonkylä）が見えてくる。キルコンキュラとは「教会の村」という意味だが、その名前のとおり、教会の周辺には学校、役場、銀行、食料品店が集まっているという典型的な小さな集落である。

ペルトゥンマー村には高校や職業学校はなく、子どもたちは中学校を卒業すると進学のために村外に出るという。ちなみに、七月は三週間ほど役場も完全に閉鎖され、夏休みモード全開になるらしい。もし、火事が起きたら……と心配してしまうが、消防機能はボランティアの消防団員によって運営・維持されているという。

こんなペルトゥンマー村の人口は一七〇〇人ほどでしかない。そこに、ペルトゥンマー図書館（Pertummaan kirjasto）がある。その歴史は一八八六年までさかのぼるというから驚く。現在の建物は、二〇〇八年にキルコンキュラのピエニヴェシ湖（Pienivesi）のほとりに新築されたものだが、同じ建物内には小・中学校も併設されており、ドア一枚で学校と図書館が隔てられている。

図書館の隅のドアを開けると、学校のカフェテリアにつながってい

図書館から見るピエニヴェシ湖

湖があることを知らせる警告板

る。湖に面している壁がガラス張りになっていて、開放感にあふれる空間が広がっている。スクリーンやピアノもあり、子どもたちが給食を食べるためだけでなく、村のさまざまな催し物やパーティーの会場としても利用されるという。

　人口が二〇〇〇人に満たないこんな小さな村で、どのようにして図書館の機能を維持しているのだろうか。フィンランドでは自治体の合併が進んでおり、行政サービスも統合化されていく傾向にある。図書館も同じく二〇〇六年からはミッケリ地区図書館（Mikkelin seutukirjasto）に統合され、現在はペルトゥンマーがミッケリ市からサービスを購入するという形式をとっている。二人の常勤職員と非常勤職員の一人がペルトゥンマー村の職員として勤務しているが、主要事項の決定はミッケリ地区でなされている。

　ミッケリ地区図書館は、さらに周辺自治体とともにルンメ（Lumme）図書館ネットワークを構成している。ルンメ図書館ネットワークは人口約一五万人の南サボ（Etelä Savo）県全域をカバーしており、面積は一万九〇〇〇平方キロメートル、四国ほどの広さのなかに存在する公共図書館の間を資料が行き来している。こうして文章にしてしまうと大したことのように思えないが、四国全土を資料が行き来していると考えると、そのスケールは凄い。

　ネットワーク内では、どこからでも資料を借りることができ、どこに返却してもよいことになっている。ミッケリ地区図書館の中央館はミッケリ市にあるが、ルンメ図書館ネットワークのメインとなる図書館は決められていない。これは、自治体間の平等性を保つためだという。こういうところにも、フィンランドのフラットな文化が顔をのぞかせている。

ルンメ図書館ネットワークでは、書架にある資料の予約を受けた際には一週間で利用者に届けることを目標としているが、回収・配達が週に二回だけとなっているので、実際にはもう少しかかるケースが多いという。それでも、もっとも離れているところだと二〇〇キロ近い場所から無料で資料を取り寄せることができるのだから、住民からすれば便利なことこのうえない。

ペルトゥンマー図書館では、独自のサービスを維持すべく奮闘している。たとえば、保有している三台のタブレットは、最大で一〇週間、館外への貸し出しが可能となっている。ペルトゥンマー村の外に貸し出されないよう、このタブレットはルンメ図書館ネットワークには登録されていない。

また、職員を増やさずに開館時間を延長するためにセルフサービス図書館の導入が計画されている。監視カメラや入館システムの導入が追加で必要となるため、今は議会での予算決議を待っている状態だが、順調にいけば二〇一九年秋から二四時間の開館となる見通しだ。セルフサービス図書館の導入によって空く人手を使って、今は開館日が週一回しかないクオルッティ図書館（Kuortin kirjasto）の開館時間も拡大したいとも考えている。

電子資料の話になると、図書館職員のテンホ・ヴォラネン（Tenho Volanen）さんの顔が初めて曇った。ミッケリ地区でも、電子資料の導入が二〇一九年三月からはじまっている。しかし、図書館の財産として蓄積されていく紙の資料とは異なり、電子資料は毎年ライセンスを購入しなければならない。ペルトゥンマーのような小さな自治体の図書館にとっては、不安要素のほうが大きいようだ。

数年前には移動図書館も廃止されている。高齢化が進み、公共交通機関がほぼゼロに等しいペルトゥンマー村のような場所では、全住民へサービスを届ける方法が課題となっている。そのような課題を背負いつつ、年間を通して、ここの図書館は元気に開館している。

フィンランドでは、夏になると週末や夏期休暇を別荘で過ごすというのが生活スタイルとなっている。さぞかし裕福な人たちなのだろうと驚かれるかもしれないが、実はそうではない。第1章で紹介した「ケサモッキ」と呼ばれる小屋に寝泊まりして、釣りなどを楽しみながらサバイバル生活を送っているだけだ。それゆえ、湖畔にあるケサモッキは人気となっており、湖水地方には一般の家屋数以上のケサモッキがあるという。ペルトゥンマー村にも人口を超える数のケサモッキがあり、夏期の人口は普段の二倍から三倍に達すると言われている。

だから、図書館の利用者も季節によって変わってくる。学校が開校している八月から五月は図書館に隣接した学校に通う生徒がたくさん来館し、友だちとともにスマートフォンでゲームに熱中しているという姿は首都圏の子どもと何ら変わらない。

八〇〇メートルほど離れたところにある保育園からは、貸出期限である四週間に一度、黄色いベストを着た子どもたちが列をつくってやって来る。普段の日中は、年金生活を送る高齢者がのんびりと雑誌を読みにやって来る。そして夏には、休暇を過ごす旅行者が多く訪れている。この時期は、英語をはじめとしてドイツ語やロシア語も館内を飛び交うことになる。彼らの主な利用目的はインターネットだという。

普段は時間が止まったかのような、のんびりした空気が流れるペルトゥンマー図書館も、二週間に一度、図書館犬（一六〇ページのコラム参照）のエルビスがやって来て賑やかな空間となる。エルビスはとても人気があり、来る日を覚えている子どもたちが、ただ撫でに来るだけということもあるようだ。首都圏のエスポー市では図書館犬に見向きもしない子どもたちがいるのだが、それとは対照的な光景である。

手芸グループも毎週集まり、壁を隔てたカフェテリアからはカラオケや音楽グループの練習が聞こえてくることもたびたび

屋外は氷点下でも館内はポカポカ

あるという。当然と言うべきなのだろう、来館者は顔見知りも多く、「大きな家族みたいなもの」と、案内してくれたヴォラネンさんがにこやかに話してくれた。

二三七ページの写真を見ても分かるように、こんな風景のところに図書館があるということ自体が不思議な感じがする。もちろん、学校に併設されることでさまざまなコストを抑えているのだろうが、この仕組みによって地域コミュニティが維持され、「大きな家族みたいなもの」という言葉が出てくるのだろう。

2 「私の図書館は村を巡回する移動図書館です」

ヘルシンキ首都圏の公共図書館を主な調査対象として本書で紹介したが、そのほかの地域では、図書館はどのように使われているのだろうか。こんな疑問もあって、前節ではペルトゥンマー村にある公共図書館を紹介したのだが、何と言ってもフィンランドは広い。また、南北に長い。北極圏に住む人びとはどうしているのだろうか……といった疑問もあった。しかし、その疑問は、フィンランド大使館を訪問した際にもらった、フィンランド外務省が刊行している冊子「*This is Finland*」[1]が解決してくれた。名前のとおり、フィンランドの自然や文化などについてカラーで紹介されているものだが（四〇ページ）、ちょうど真ん中に、見開きで図書館利用者（九人）の声が紹介されていたのだ。本書の締めくくりとして、このなかから四人の利用者の声を紹介しておきたい。

「私にとっての図書館は、自宅のあるオホコラ（Ohkola）村に隔週でやって来る移動図書館です。移動図書館は、自宅近くだけでなく校庭にも来てくれるので、学校のある日もみんなで移動図書館に立ち寄ることができるんです」（メーリ・サルケラ、女子生徒、一二歳、マンツァラ在住）

マンツァラ（Mäntsälä）は、南スオミ県にある人口約二万人の都市で、ヘルシンキから約四〇分のところにある。

（1）　Mika Hammarén ed., *This is Finland 2019-2020*, Ministry for Foreign Affairs of Finland, 2019, p. 20-21.

*This is Finland 2019－2020*の表紙（Photo：Anu Kovalainen）

図　*This is Finland* に登場する公共図書館利用者の在住地とフィンランド主要都市

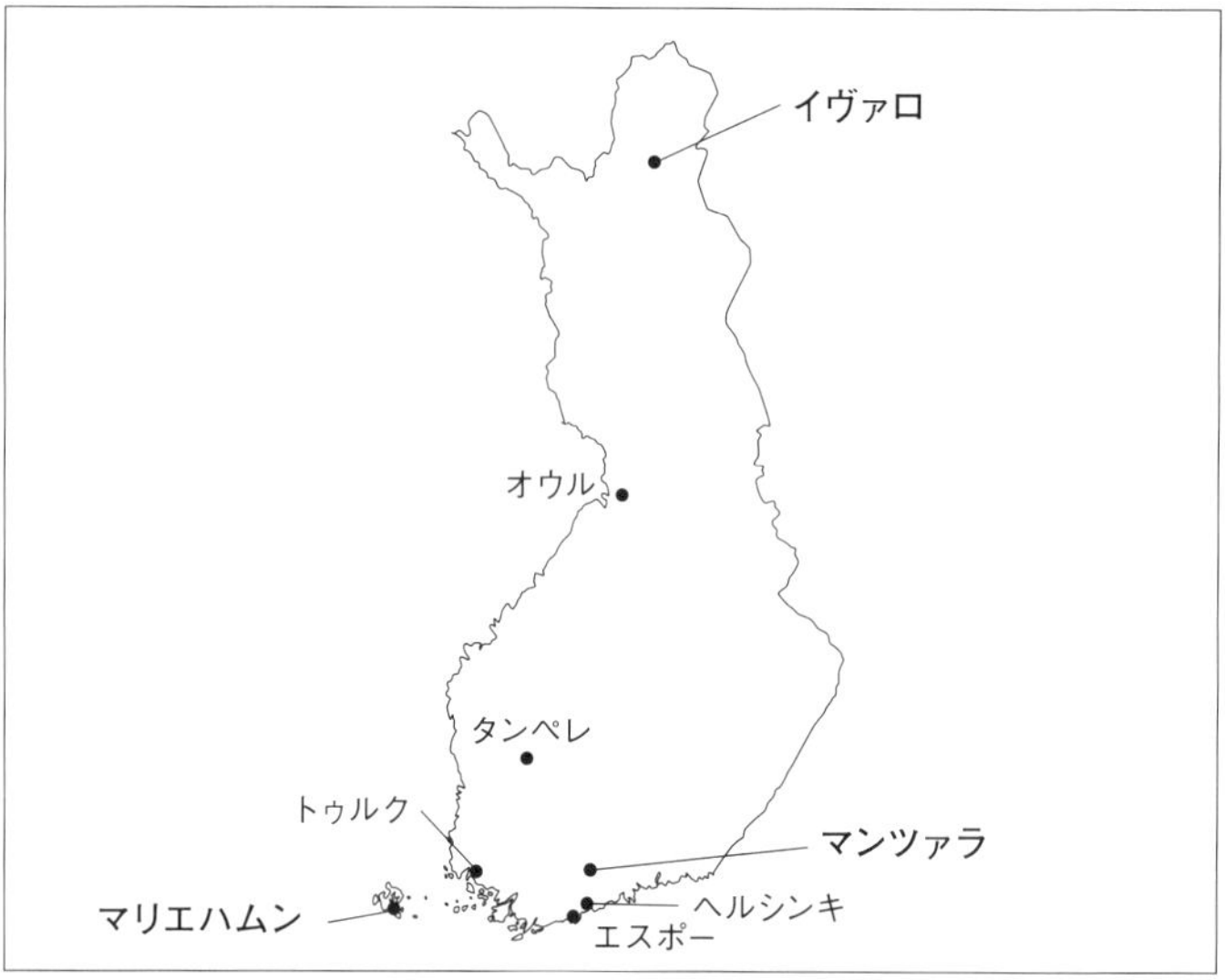

「豊富なコレクションに加えて、私はマリエハムン図書館の建物が素晴らしいと思うんです。『マリエハムン文学フェスティバル』では、作家が毎年この図書館に招かれ、ハイライトとなるイベントが開催されています」（モッセ・ヴァッレーン、元ジャーナリスト、六七歳、オーランド在住）

　マリエハムン（フィンランド語 Maarianhamina、スウェーデン語 Mariehamn）は、オーランド自治県にある人口約一万一〇〇〇人の町である。住民の九割近くがスウェーデン語を話している。

「イヴァロ図書館は、とても素晴らし

いサービスを提供してくれます。私のような年金受給者は複数の新聞を買う余裕がないので、図書館に来ていろいろな新聞を読むんです。今から、携帯電話を使って写真を送る方法を習うつもりなんですよ。図書館では、スポーツ用品の貸し出しもしています」（テルットゥ・リッサネン、年金受給者、八〇歳、イヴァロ在住）

「イヴァロ図書館のコレクションは充実しています。スコルト・サーミ語（Skolt sámi）(2)を話す子どものために、サーミ語セクションから本を借りています。北サーミ語の本はたくさんあるのですが、スコルト・サーミ語に関していうと、数はかなり少ないですが……」（ヨハンナ・カルヤ、学生、二九歳、イヴァロ在住）

イヴァロ（Ivalo）は、北極圏ラッピ県にある人口三〇〇〇人ほどの町で、オーロラ鑑賞のために観光客が訪れるところとして知られている。

---

(2)　サーミ地域（一三ページ参照）で話される言語はサーミ諸語と呼ばれるが、地域によってかなり異なり、サーミ諸語話者同士が互いに理解し合うことが難しい場合もある。スコルト・サーミ語はサーミ諸語の一つである。話者は推定三〇〇人、ロシア、ノルウェーにもごく少数の話者がいる。サーミ語については以下の文献を参照のこと。長谷川紀子『ノルウェーのサーメ学校に見る先住民族の文化伝承――ハットフェルダル・サーメ学校のユニークな教育』（新評論、二〇一九年）

こうした利用者の声からは、ヘルシンキ都市圏だけでなく、人口が四〇〇〇人ほどの北極圏の自治体でも、公共図書館が人びとの情報と文化の拠り所となっていることが伝わってくる。フィンランドの図書館サービスでもっとも重視されているのは、すべての住民に平等に情報と文化を提供することである。この原則は、地方であるからといって変わることはない。むしろ地方だからこそ、公共図書館がコミュニティの隅々にまでサービスの網目を広げていくことが求められており、図書館職員はこの期待に見事にこたえている。

おわりに

フィンランドにかぎらず、今、公共図書館で自らの仕事をする人が世界中で増えている。オランダでは、図書館を仕事場と決めている人の話を何度も聞いたし、フィンランドでは一人がけの椅子と小さなテーブルのセットをどこの図書館でも見かけた。外側から見ると足だけが見えていて奇妙な感じがするのだが、使ってみるととても便利で居心地がよい。

今回の調査でも、何度となくこのワーキングスペースを使って仕事をした。中に入っても閉塞感は感じないし、自分だけの空間が確保できてとても快適なのだ。周りを見わたすと、足だけを出した同志がたくさんいる。この中で集中して仕事を行い、少し時間が経過すると出てきて、体操をしたり書架の間を歩き回っている人もいた。そして、また仕事に戻る。セルフサービスで図書館が使えるオープンライブラリーが次々に導入されていることも、図書館を仕事場にする人にとっては好都合である。人によって使い方は異なっていても、フィンランド公共図書館はもはや自宅の延長線上と言えるぐらいにまで人びとの日常生活に入り込んでいる。

もちろん、図書館で読書に没頭している人の数は仕事をしている人の数を上回っている。フィンランドの人びとは、本を読むことが大好きなのだ。でも、「読書好き」と言えば日本も負けてはいない。だから「*This is Finland*」の特集記事を読んで真っ先に頭に思い浮かんだのは、フィンランドと同様、南北に長い日本各地の公共図書館に長年にわたって通い続け、熱心に読書を続けてきた人びとのことである。自分のペースで何十年にもわたって本を読むことで自己との対話を繰り返してきた人びと、そして、そうした人たちの図書館に対する思いに常に誠実にこたえ続けてきた図書館職員によって公共図書館は支えられている。そこに国の差はまったくないことを、フィンランドへの図書館訪問を終えた今、強く感じている。

＊＊＊

一人がけの椅子とミニテーブルのセットをどこの図書館でも見かけた（カッリオ図書館）

今回、小泉公乃と坂田ヘントネン亜希と一緒に本を書くことになったのは、本当に偶然のことだった。大学の同僚で研究領域も近い小泉との間で、本書の執筆前にフィンランドの図書館のことが話題に上ったことが一度だけあった。オスロ・メトロポリタン大学への在外研究が決まっていた小泉が私に、北欧に調査に来る予定を尋ねたのだ。そのときは、夏にフィンランドで調査をする予定であることを伝えたが、その後、フィンランドのことが話題に上ることはなかった。

二〇一八年三月から小泉は、オスロを拠点にしてヨーロッパ各国の公共図書館を精力的に調査し、日本での調査のために一時帰国した。そのとき、お互いの研究の近況を話すなかで、偶然まったく同じ時期にフィンランドに滞在することが分かった。せっかくのチャンスだからということで、一緒にイソ・オメナ図書館を訪問し、それがきっかけとなって共同で本を執筆することになった。

坂田ヘントネンとの出会いは、訪問予定の図書館にアポイントを取っていたときのことだ。日程を調整中だった小さな図書館のスタッフの同僚が坂田ヘントネンだったのだ。フィンランドの図書館とのメールのやり取りのなかで、いきなり日本語が画面に現れたときにはとても驚いた。

小泉は二一世紀の図書館経営のあり方を模索するなかで、活力あるフィンランド公共図書館に高い関心を寄せていた。一方、坂田ヘントネンは公共図書館で働く日々のなかで、日本にフィンランド公共図書館についての情報を発信したいという強い思いをもっていた。世界各地の図書館を自分の足で回り、それを学術的なパースペクティブからまとめてきた小泉の経験、そして、現場の図書館職員として、元気すぎる利用者と日々格闘しながら図書館のことを考え続けてきた坂田ヘントネンの現場感覚によって、本書はアカデミックな奥行きと臨場感にあふれる内容になった。

共著者との出会いを「偶然」と記したが、今思えば、「セレンディピティ」とはこんな出会いを表現する言葉なのだろう。「フィンランドの図書館の本は出ないのですか？」と、この一〇年間にリクエストをしてくださった方々に、ようやく本書でご報告ができたことを、今はとても嬉しく思っている。

＊＊＊

本書をまとめるにあたり、文部科学省科学研究費補助金「基盤研究（C）社会的公正を基軸とした公共図書館論の再構築」、「国際共同研究加速基金（国際共同研究強化）公共図書館の直営経営とハイブリディゼーションの国際比較研究」、「若手研究（B）公共図書館経営におけるハイブリディゼーションの基礎的研究」の研究助成を受けた。また図書の刊行にあたりスカンジナビア・ニッポンササカワ財団の助成を得た。フィンランド大使館広報部の秋山悦子さんとフィンランドセンターアカデミック・リサーチ・コーディネーター原あかりさんからは、現地の貴重な情報を教えていただいた。

前作『オランダ公共図書館の挑戦』（二〇一八年）と同様、新評論の武市一幸氏には今回も草稿段階から数々のアドバイスをいただき、ともすれば「図書館の世界」に没入してしまいがちな私たちに、視線を図書館の外に向けることの重要性を何度となく教えていただいた。心からお礼を申し上げたい。最後に、今回の執筆にあたり、フィンランドの図書館職員と来館者の方々からたくさんの貴重なお話をうかがうことができた。執筆者を代表して、心から感謝の気持ちを伝えたい。

本書の姉妹編に『デンマークのにぎやかな公共図書館』（新評論、二〇〇九年）、『読書を支えるスウェーデンの公共図書館』（新評論、二〇一二年）、『文化を育むノルウェーの図書館』（新評論、二〇一三年）、『オランダ公共図書館の挑戦』（新評論、二〇一八年）がある。本書を読んでヨーロッパの図書館について興味をもたれた方は、ぜひあわせて読んでいただければ幸いである。

二〇一九年一〇月

吉田右子

参考文献一覧

以下では、本書執筆の際し、参照した資料のなかから二〇一〇年以降に刊行された代表的な文献をリストアップしている。なお、本文中に記載した資料は割愛した。

第1章　フィンランドの社会と公共図書館

・桂啓壮「フィンランド図書館の教育への貢献」『宮城学院女子大学 人文社会科学論叢』22、二〇一三年、一～七ページ。
・久野和子「フィンランドにおける「第三の場（サードプレイス）」（third places）としての図書館」『神戸女子大学文学部紀要』49、二〇一六年、一〇一～一一四ページ。
・小林真理「フィンランドにおける文化政策の展開――諸外国における文化振興法・フィンランドの事例」『文化経済学』２（３）、二〇〇一年、四五～五六ページ。
・西川馨編『学力世界一を支えるフィンランドの図書館』教育史料出版会、二〇〇八年、一五〇ページ。
・Di Marino, Mina and Lapintie, Kimmo. Libraries as transitory workspaces and spatial incubators, *Library & Information Science Research*, 37, 2015, p. 118-129.
・Ministry of Education and Culture, "Finland is one of the top countries in the world in the field of library services", 2016 https://minedu.fi/en/libraries

・Miettinen, Virve. Redefining the Library: Co-Designing for Our Future Selves and Cities, *Public Library Quarterly*, 37(1）, 2018, p. 8-20.

第2章　オーディ図書館

・Central Library Working Group. *The Heart of the Metropolis – the Heart of Helsinki: Review Report*, City of Helsinki, 2008, 59p. https://www.competitionline.com/upload/downloads/109xx/10948_93071_Centrallibrary_reviewreport.pdf

・Haavisto, Tuula. "A Dream Come True of Citizens – the New Helsinki Central Library". *The Proceedings of the World Library and Information Congress: IFLA General Conference and Assembly*, Session 207 - Branding, Bridging, Building: Telling and Selling the Space Story - Library Buildings and Equipment with Management and Marketing, 2017-08-23. IFLA, 2017, p. 1–9.

・Helsinki. Oodi Central Library: Project Timeline. 2018. 1p.

・Lipasti, Pirjo. Library Concepts to Competition Winners, 2014, https://helda.helsinki.fi/bitstream/handle/10138/45362/Lipasti_LiberLAG2014.pdf?sequence=1&isAllowed=y

第3章　イソ・オメナ図書館

・林彩華「情報教育の拠点としての図書館：フィンランド〈ライブラリー10〉（特集 北欧のサービスデザイ

ンの現場：studio-L スカンジナビアを訪ねて）」『ビオシティ＝Bio city』72、二〇一七年、七二〜七七ページ。

第4章 エントレッセ図書館

・大谷杏「フィンランド公立図書館における移民対象イベントの成立要件——エスポー市立図書館で開催されている各種イベントに着目して」『都留文科大學研究紀要』85、二〇一七年、一六五〜一八二ページ。
・大谷杏「移民の学習を支えるフィンランド公立図書館のランゲージ・カフェ」『国際教育』24、二〇一八年、三三〜四七ページ。

索　引

著者紹介

吉田　右子（よしだ・ゆうこ）
【執筆担当：はじめに、1章、3章、4章、6～9章、終章、おわりに】
筑波大学図書館情報メディア系教授。博士（教育学）。専門は公共図書館論。主な著作に『メディアとしての図書館』（日本図書館協会、2004年）、『デンマークのにぎやかな公共図書館』（新評論、2010年）、『オランダ公共図書館の挑戦』（新評論、2018年）。

小泉　公乃（こいずみ・まさのり）
【執筆担当：1章、2章、3章、9章】
筑波大学図書館情報メディア系助教。博士（図書館・情報学）。専門は公共経営論、オスロ・メトロポリタン大学 応用科学学部 社会科学学科 アーカイブズ学・図書館情報学コース客員研究員。主な著作に Inherent Strategies in Library Management（Oxford; Elsevier: Chandos Publishing, 2017年、第47回（2018年度）日本図書館情報学会賞。

坂田　ヘントネン　亜希（さかた・ヘントネン・あき）
【執筆担当：1章、5章、9章、終章】
筑波大学国際総合学類卒業。エスポー市・エントレッセ図書館勤務。フィンランド語学習グループ、音楽読み聞かせ、3Dモデリングワークショップなど幅広くイベントの企画運営に携わる。現在は、主にメーカースペースの展開や他部門との融合に取り組む。

フィンランド公共図書館
—躍進の秘密—

2019年11月20日　初版第1刷発行

著者　吉田右子
小泉公乃
坂田ヘントネン亜希

発行者　武市一幸

発行所　株式会社 新評論

〒169-0051
東京都新宿区西早稲田3-16-28
http://www.shinhyoron.co.jp

電話　03(3202)7391
FAX　03(3202)5832
振替・00160-1-113487

落丁・乱丁はお取り替えします。
定価はカバーに表示してあります。

印刷　フォレスト
製本　松岳社
装丁　山田英春
写真　筆者一同
（但し書きのあるものは除く）

Printed in Japan
ISBN978-4-7948-1139-4

新評論　好評関連書のご案内

吉田右子

オランダ公共図書館の挑戦

サービスを有料にするのはなぜか？

えっ、公共図書館が有料!?　実はそれには深い理由があった――気鋭の研究者による西欧高福祉国のライブラリー文化見聞記。

四六上製　254 頁　2500 円　ISBN978-4-7948-1102-8

小林ソーデルマン淳子・吉田右子・和気尚美

読書を支えるスウェーデンの公共図書館

文化・情報へのアクセスを保障する空間

作家、出版社、書店、学校、地域がタッグを組んで読書振興。歴史の中で弛みなく鍛えられてきた図書館文化の真髄。

四六上製　260 頁　2200 円　ISBN978-4-7948-0912-4

マグヌスセン矢部直美・吉田右子・和気尚美

文化を育むノルウェーの図書館

物語・ことば・知識が踊る空間

険しい地勢条件を乗り越え、充実したシステムを構築している“隠れ図書館大国”ノルウェー。その先進性と豊かさに学ぶ。

四六上製　316 頁　2800 円　ISBN978-4-7948-0941-4

吉田右子

デンマークのにぎやかな公共図書館

平等・共有・セルフヘルプを実現する場所

平等・共有・セルフヘルプの社会理念に支えられた北欧の豊かな“公共図書館文化”を余すところなく紹介！

四六上製　268 頁　2400 円　ISBN978-4-7948-0849-3

表示価格は本体価格（税抜）です。